Contraste insuffisant

NF Z 43-120-14

Illisibilité partielle

Valable pour tout ou partie
du document reproduit

Couverture inférieure manquante

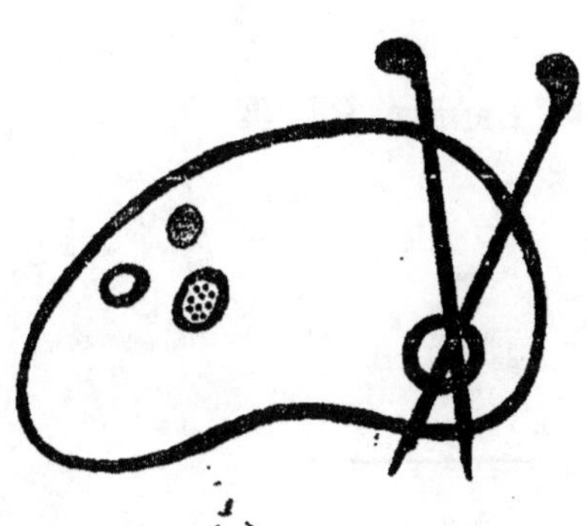

SÉJOURS DE CHARLES VI

(1380-1400)

PAR

M. ERNEST PETIT

Extrait du *Bulletin du Comité des travaux historiques et scientifiques.*
(Section d'histoire et de philologie, année 1893.)

PARIS
ERNEST LEROUX, ÉDITEUR
28, RUE BONAPARTE, 28

1894

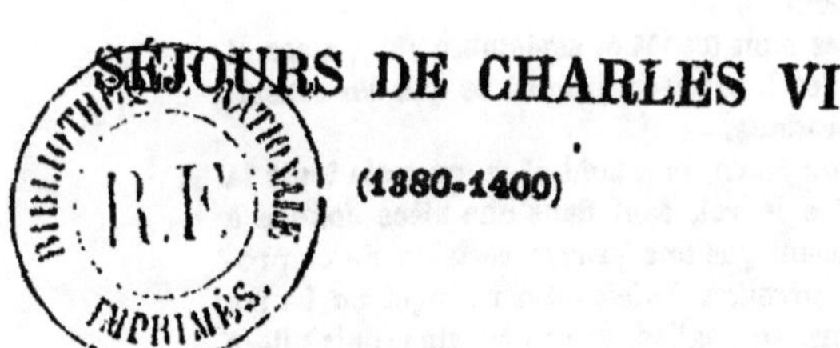

SÉJOURS DE CHARLES VI

(1380-1400)

SÉJOURS DE CHARLES VI

(1380-1400)

Communication de M. Ernest Petit.

Nous publions les séjours de Charles VI depuis 1380 jusqu'en 1400, bien qu'ils n'offrent pas le même intérêt après le 5 avril 1392, et les attaques de maladie dont le roi fut frappé. Avant comme après cette période, on se heurte à des indications parfois contradictoires, et quelquefois le nom des localités fournies par les diplômes ne correspond pas avec le lieu de résidence réelle du roi. Il parait certain que la chancellerie n'accompagnait pas toujours le souverain dans tous ses déplacements.

Les premières années du règne, que Charles VI passa en grande partie dans la compagnie de son oncle Philippe-le-Hardi, duc de Bourgogne, sont à peu près complètes, et les séjours sont fixés et contrôlés par des documents d'une certitude absolue, provenant des *escroés* et des comptes quotidiens de l'hôtel ducal de Bourgogne.

Il y a des incertitudes pour les mois d'août et septembre 1387, mars et avril 1392, et des séjours difficiles à préciser, jusqu'à ce que des renseignements nouveaux se soient produits.

Depuis l'accident de la forêt du Mans, le 9 août 1392, on reste toute la fin du mois sans voir apparaître le roi, sauf dans une pièce donnée à Paris le 16, qui n'est probablement pas une preuve certaine de sa présence. La *Chronique des quatre premiers Valois* dit à ce sujet : « Le roi fut mené à Saint-Juilien du Mans, en l'église, fit sa neuvaine, puis alla à Chartres, puis à Creil. » C'est en effet dans cette dernière localité que nous le retrouvons le 1er septembre et jusqu'au 23, malgré plusieurs diplômes portant la date de Paris.

Charles VI paraît avoir séjourné à Paucourt, près Montargis, du 11 novembre au 8 octobre 1392, et toutes les pièces émanées de la chancellerie sont datées de Paris. On trouve dans les fragments des *Comptes de la Vénerie* pour cette année (Bibl. nat., f. fr. 7840) la mention suivante : « Pour le dit seigneur en ses deduitz de porchoisons faites es foretz de Poocourt, XXVII iours du XI nov. au VIII oct. ensuivant... despense de VIII valets qui ont suivi le roy... »

De fin mars 1393 au 24 juin, c'est-à-dire pendant trois mois entiers, Charles VI est installé à Abbeville.

De fin octobre 1393 aux premiers jours de février 1394, le roi dut séjourner en partie à Saint-Germain, malgré les diplômes datés de Paris. En décembre 1393, déplacement à Fontainebleau, ou le roi se trouvait entre le 14 et le 21, d'après les *Comptes de la Vénerie* [1].

[1] Arch. nat. kk. 36.

Les séjours des premiers jours de mars 1394 sont discutables : le roi qui était sur le bord de la mer, à Pontorson, le dernier février, ne pouvait être rendu à Vincennes le 3 mars [1].

De la fin du mois d'août 1394 au milieu de septembre, les chartes sont toutes datées de Paris, alors que les *Comptes de la Vénerie* indiquent la présence du roi à Fontainebleau [2].

En juin et juillet 1396 le roi et la cour résident en partie à Compiègne, en même temps que le duc de Bourgogne, et un certain nombre d'actes royaux sont datés de Paris.

En juillet, août et septembre, tous les diplômes sont datés de Paris, et le roi paraît sédentaire à Fontainebleau [3].

En octobre, novembre et commencement de décembre 1399, la résidence du roi à Rouen est certaine, et prouvée par les *Comptes de l'hôtel* de Philippe-le-Hardi, duc de Bourgogne [4].

Les documents consultés pour dresser la liste des séjours de Charles VI sont de même nature que ceux qui ont servi à établir les séjours de Charles V.

1° Les titres originaux des Archives nationales.

2° Les cinquante-cinq registres du Trésor des chartes, JJ. 117 à JJ. 171.

3° Les comptes ou fragments de comptes conservés aux Archives nationales, et indiqués dans les *Comptes de l'hôtel* de Douet-d'Arcq, les fragments de *Comptes de Vénerie*, KK. 36 ; les fragments do compte de la Bibliothèque nationale, f. fr. 6740.

4° Les registres du Parlement aux Archives nationales.

5° Les registres du Châtelet aux Archives nationales.

6° Divers fonds manuscrits de la Bibliothèque nationale, trois volumes de Gaignières, f. fr., n°s 20345, 20346, 20347; un recueil de M. Delisle sur les séjours royaux (fonds des catalogues), etc.

7° *Les ordonnances des rois*, *pièces fugitives*, d'Aubais, Bréquigny, les *Itinéraires de Philippe-le-Hardi et de Jean-sans-Peur*, les histoires provinciales, etc.

Nous croyons inutile de reproduire à la suite de chaque séjour, comme on l'a fait pour Charles V, les lettres A, B, C, D, etc., qui indiquaient le fonds auquel on avait emprunté la mention. La disposition adoptée pour cette publication ne permettant pas de donner l'intégralité des sources consultées, et ne pouvant relater les folios des volumes, et parfois aussi des mentions contradictoires prises dans des recueils différents, il n'est pas nécessaire de surcharger le texte d'indications incomplètes, sans intérêt pour le chercheur.

[1] On a du reste un diplôme de ce mois, sans date de jour, donné à Mantes, alors que le roi opérait son retour à Paris.

[2] Voir Eug. Thoison, *Séjours des rois de France dans le Gâtinais*, p. 44-45.

[3] Eug. Thoison, ouvrage précité, p. 45.

[4] Nos itinéraires de Philippe-le-Hardi et de Jean-sans-Peur, p. 292.

Pour la dernière partie du règne de Charles VI, moins intéressante à publier, nous donnerons seulement les déplacements qui méritent d'être signalés.

De 1400 à 1408, la chancellerie date tous les actes de Paris, sauf du 14 au 15 juillet 1403 et le 8 octobre 1404, où ils partent de Corbeil, et une partie du mois d'août 1408, de Melun.

Les premiers jours de novembre 1408, Charles VI est à Melun; le 7 il est habillé à neuf par le tailleur du roi, pour son voyage de Tours. Du 8 au 22, on le trouve à Gien, et les mois de décembre 1408 et janvier 1409, tout le temps à Tours; le 8 février, à Vendôme; les 10 et 11, à Bonneval; du 12 février au 9 mars, à Chartres; le 11 et 12 à Coulombs, puis à Paris, avec quelques mentions à Corbeil.

La chevauchée en Berry, en 1412, dans laquelle les ducs, ses oncles, entraînèrent l'infortuné monarque, doit être relatée en entier.

Mai. 7 Sam. *Paris.*
8 Dim. *Corbeil.*
9 Lun. *Melun.*
14 Sam. Départ de *Melun, Chastellay-en-Brie,* gîte à *Montereau.*
15. Dim. *Moret, Montereau-fault-Yonne,* auquel lieu le roy fut blechié en la gambe de la regetture d'un cheval, gîte à *Sens.*
16. Lun. Dîner à *Sens,* souper et gîte à *Villeneuve-le-Roy.*
17. Mar. *Villeneuve-le-Roy, Joigny.*
18. Mer. *Joigny, Auxerre.*
19. Jeu. *Auxerre.*
20. Ven. *Auxerre, Druyes.*
21. Sam. *Druyes, Donzy, Notre-Dame-du-Pré.*
22. Dim. *Donzy, La Charité-surLoire.*
23 au 28. *La Charité-sur-Loire.*
29. Dim. *La Charité,* aux champs en *Berry.*
30 au 31. Sur les champs en *Berry.*

Juin. Du Mer. 1 au 3 Ven. Sur les champs en *Berry.*
Du Sam. 4 au 8 Mer. *Dun-le-Roi.*
Le Jeu. 9 et 10 Ven. Aux champs.
Sam. 11 au 30 Jeu. Devant *Bourges.*

Juillet. Du Ven. 1 au 17 Dim. Devant *Bourges.*
18 Lun. Sur les champs.
19 Mar. *Estivaux-en-Berry.*
20 Mer. *Abbaye des Roches.*
21 Jeu. *Abbaye des Roches.*
22 Ven. *Mève, près la Charité.*
23 Sam. *Mève, Donzy, Notre-Dame-du-Pré.*
24 Dim. *Entrains.*
25 Lun. *Entrains, Druyes.*

26 Mar. et 27 mer. *Druyes*.
28 Jeu. *Gy-l'Évêque, Auxerre*.
Du 29 au 31. *Auxerre*.
Août. Du Lun. 1 au Lun. 22. *Auxerre*.
24 Mer. *Joigny*, gite à *Sens*.
25 Jeu. *Sens, Montereau-fault-Yonne*.
26 Ven. *Montereau, Melun*.
Du 27 au 31. *Melun*.
Septembre. Du Jeu. 1 au Mar. 27. *Melun*.
28 Mer. *Melun, Corbeil*.
29 et 30. *Vincennes* et *Paris*.

CHEVAUCHÉE DE 1414.

Avril. Ven. 6 et Sam. 7. *Senlis*.
19, 20 et 22. *Noyon*.
26 Jeu. *In acie ante Compendium*.
Mai. 16 Mer. *En l'ost devant Soissons*.
Les 18, 22, 24. *Saint-Jean-des-Vignes de Soissons*.
30 et 31. *Laon*.
Juin. 4, 5 et 6. *Laon*.
13, 14, 20, 21, 24. *Saint-Quentin*.
Juillet. 3 et 5. *Péronne*.
23, 25. *En notre ost à Aigny-les-Arras*.
Août. 2 Jeu. *En l'ost devant Arras*.
Autres mentions indéterminées : *en nostre siège devant Arras, en nostre ost devant Soissons*.
Septembre. 2 Dim. *Arras en l'ost*.
10 Lun. *Noyon*.
19 Mer., 22 et 24. *Senlis*.
Fin du mois. *Paris*.

En 1415, Charles VI passe à *Vernon*; le mercredi 9 octobre, pour se rendre à *Rouen*, où il reste pendant les mois d'octobre et de novembre. Le 29 de ce dernier mois il est à *Saint-Cloud*.

En 1419, février, mars, avril et mai, diplômes datés de *Provins*. Le roi quitte cette ville, le vendredi 26 mai, passe à *Chaumes-en-Brie*, et arrive le dimanche 28, à *Pontoise*, où il séjourne depuis la fin de mai jusqu'au 21 août.

1420. Janvier, 17, 19, 29. *Troyes*.
Mai, 6, 9, 12, 21. *Troyes*.
Juillet, 1. *Montereau-fault-Yonne en l'ost*.
18, 20, 23. *Melun*.
Novembre et Décembre. *Melun-sur-Yèvre*.
1422. Juin, Juillet, Août, Septembre. *Senlis*.

1380 — PAQUES, 25 mars.

SEPTEMBRE	OCTOBRE
1 Sam. *Beauté-sur-Marne.*	1 Lun. *Melun.*
2 Dim	2 Mar. *Melun.*
3 Lun	3 Mer. *Melun.*
4 Mar. *Beauté-sur-Marne.*	4 Jeu. *Melun.*
5 Mer.	5 Ven *Melun.*
6 Jeu.	6 Sam. *Melun.*
7 Ven.	7 Dim. *Melun.*
8 Sam. *Beauté-sur-Marne.*	8 Lun. *Melun* Barbeau.
9 Dim. *Beauté-sur-Marne.*	9 Mar. *Melun.*
10 Lun.	10 Mer. *Melun.*
11 Mar.	11 Jeu. *Melun.*
12 Mer.	12 Ven. *Melun.*
13 Jeu. *Beauté-sur-Marne.*	13 Sam. *Melun.*
14 Ven.	14 Dim. *Melun* Blandi.
15 Sam.	15 Lun. *Melun.*
16 Dim. *Beauté-sur-Marne.* Mort de Charles V.	16 Mar. *Melun.*
17 Lun.	17 Mer. *Melun.*
18 Mar.	18 Jeu. *Melun.*
19 Mer.	19 Ven. *Melun.*
20 Jeu.	20 Sam. *Melun.*
21 Ven.	21 Dim. *Melun.*
22 Sam. *Melun.*	22 Lun. *Melun.*
23 Dim. *Melun.*	23 Mar. *Melun.*
24 Lun. *Melun.* Paris.	24 Mer. *Melun.*
25 Mar. *Paris.*	25 Jeu *Melun, Vitry, Vivier-en-Brie.*
26 Mer. *Saint-Denys.* Enterrement de Charles V.	26 Ven. *Vivier-en-Brie, Faremoutier, Coulomniers.*
27 Jeu.	27 Sam. *Bussière, Château-Thierry.*
28 Ven.	28 Dim. *Château-Thierry.*
29 Sam.	29 Lun. *Château-Thierry.*
30 Dim.	30 Mar. *Coincy*, Gîte à *la Fère.*
	31 Mer. *La Fère, Ligny, L'Abbaye.*

NOVEMBRE

1 Jeu.	*Igny, l'Abbaie.*	15 Jeu.	*Paris*, Louvre.
2 Ven.	Messe à *Igny*, Gîte à *Gueux.*	16 Ven.	*Paris*, Louvre.
3 Sam.	*Reims*	17 Sam.	*Paris.*
4 Dim.	*Reims*, Sacre de Charles VI	18 Dim.	*Paris*. Louvre.
5 Lun.	*Saint-Remi, Reims.*	19 Lun.	*Paris*,
6 Mar.	*Saint-Thierry-les-Reims.*	20 Mar.	*Paris*. Louvre.
7 Mer.	*Neufchâtel-sur-Aisne.*	21 Mer.	*Paris*, Louvre.
8 Jeu.	*Veely, Corbemacum.*	22 Jeu.	*Paris*, Louvre.
9 Ven.	*Soissons, Langpont.*	23 Ven.	*Paris.*
10 Sam.	*Boudreville, Nanteuil, Le Haudoin.*	24 Sam.	*Paris*, Louvre.
11 Dim.	*Roissy Le Bourget.*	25 Dim.	*Paris*, Louvre.
12 Lun.	*Paris.*	26 Lun.	*Paris.*
13 Mar.	*Paris*, Louvre.	27 Mar.	*Paris*, St-Pol.
14 Mer.	*Paris*, Louvre.	28 Mer.	*Paris.*
		29 Jeu.	*Paris.*
		30 Ven.	*Paris*, Louvre.

1380 — PAQUES, 25 mars.

DÉCEMBRE	JANVIER
1 Sam. *Paris*, Saint-Pol.	1 Mar. *Paris*, Louvre.
2 Dim. *Paris*, Saint-Pol.	2 Mer. *Vincennes*.
3 Lun. *Paris*, Vincennes.	3 Jeu. *Vincennes*.
4 Mar. *Paris*, St Pol, Vincennes.	4 Ven. *Vincennes*.
5 Mer. *Paris*.	5 Sam. *Vincennes*.
6 Jeu. *Paris*, Vincennes.	6 Dim. *Vincennes*.
7 Ven. *Paris*.	7 Lun. *Paris*.
8 Sam. *Vincennes*.	8 Mar. *Paris*.
9 Dim. *Paris*, Poissy. *Paris*, Saint-Pol. Gîte à Vincennes.	9 Mer. *Paris*, Vincennes.
10 Lun. *Vincennes*.	10 Jeu. *Paris*.
11 Mar. *Vincennes*.	11 Ven. *Paris*.
12 Mer. *Paris*, Vincennes.	12 Sam. *Paris*.
13 Jeu. *Vincennes*.	13 Dim. *Paris*.
14 Ven. *Paris*, Vincennes.	14 Lun. *Paris*.
15 Sam. *Paris*, Vincennes.	15 Mar. *Paris*, Vincennes.
16 Dim. *Paris*, Vincennes.	16 Mer. *Paris*.
17 Lun. *Paris*, Vincennes.	17 Jeu. *Paris*.
18 Mar. *Paris*, Vincennes.	18 Ven. *Paris*.
19 Mer. *Paris*.	19 Sam. *Paris*.
20 Jeu. *Paris*. Vincennes.	20 Dim. *Paris*.
21 Ven. *Paris*, Vincennes.	21 Lun. *Paris*.
22 Sam. *Paris*, Vincennes.	22 Mar. *Paris*, Vincennes.
23 Dim. *Paris*, Vincennes.	23 Mer. *Paris*.
24 Lun. *Vincennes*.	24 Jeu. *Vincennes*.
25 Mar. *Vincennes*.	25 Ven. *Vincennes*.
26 Mer. *Paris*.	26 Sam. *Paris*.
27 Jeu. *Paris*.	27 Dim. *Paris*.
28 Ven. *Paris*, Vincennes.	28 Lun. *Paris*, Saint-Pol.
29 Sam. *Paris*.	29 Mar. *Paris*, Saint-Pol.
30 Dim. *Paris*.	30 Mer. *Paris*.
31 Lun. *Vincennes*, Gîte à Paris, Louvre.	31 Jeu. *Paris*, Saint-Pol, Vincennes.

FÉVRIER

1 Ven.	*Paris, Vincennes*.	14 Jeu.	*Senlis*.
2 Sam.	*Vincennes*.	15 Ven.	*Senlis*.
3 Dim	*Vincennes*.	16 Sam.	*Senlis*.
4 Lun.	*Vincennes*.	17 Dim.	*Senlis*.
5 Mar.	*Paris*, Hôtel de Plaisance.	18 Lun.	
6 Mer.	*Vincennes, Saint-Denys*.	19 Mar.	*Saint-Denys*.
7 Jéu.	*Saint-Denys*.	20 Mer.	*Saint-Denys*.
8 Ven.	*Saint-Denys*, Louvre en Parisis.	21 Jeu.	*Saint-Denys*.
9 Sam.	*La Chapelle en Serval, Senlis*.	22 Ven.	*Saint-Denys*.
		23 Sam.	*Saint-Denys*.
		24 Dim.	*Saint-Denys*.
10 Dim.	*Senlis*.	25 Lun.	*Saint-Denys*.
11 Lun.	*Senlis*.	26 Mar.	*Saint-Denys*.
12 Mar.	*Senlis*	27 Mer.	*Saint-Denys*.
13 Mer.	*Senlis*.	28 Jeu.	*Saint-Denys*.

1381 — PAQUES, 14 avril.

MARS	
1 Ven.	Saint-Denys.
2 Sam.	Saint-Denys, Vincennes, Villeneuve-St-Georges.
3 Dim.	Corbeil.
4 Lun.	Melun.
5 Mar.	Melun.
6 Mer.	Melun.
7 Jeu.	Melun.
8 Ven.	
9 Sam.	Melun.
10 Dim.	Poullly-le-Fort, Melun.
11 Lun.	Melun.
12 Mar.	Lieusaint. Villeneuve-Saint-Georges.
13 Mer.	Pont de Charenton. Saint-Denis.
14 Jeu.	Saint-Denys, Franconville, Gîte à Pontoise.
15 Ven.	Pontoise.
16 Sam.	Pontoise, Noyon. Gîte à Maubuisson.
17 Dim.	Maubuisson.
18 Lun.	Maubuisson, Pontoise.
19 Mar.	
20 Mer.	Maubuisson.
21 Jeu.	Diner et gîte à Espineul.
22 Ven.	Melun.
23 Sam.	Melun.
24 Dim.	Corbeil, Melun.
25 Lun.	Melun.
26 Mar.	Melun.
27 Mer.	Melun.
28 Jeu.	Melun.
29 Ven.	Melun.
30 Sam.	Leusaint. Villeneuve-Saint-Georges.
31 Dim.	Bois de Vincennes.

AVRIL	
1 Lun.	
2 Mar.	Paris, Saint-Pol, Saint-Denys.
3 Mer.	Paris. Louvre et Saint-Pol.
4 Jeu.	Paris, Saint-Pol, Saint-Denys.
5 Ven.	
6 Sam.	Paris, Saint-Pol.
7 Dim.	Paris, Saint-Pol.
8 Lun.	Paris, Saint-Pol.
9 Mar.	Paris, Saint-Pol.
10 Mer.	Paris, Saint-Pol.
11 Jeu.	Paris.
12 Ven.	Paris, Saint-Pol.
13 Sam.	Paris, Saint-Pol.
14 Dim.	Paris, Saint-Pol.
15 Lun.	Paris.
16 Mar.	Paris.
17 Mer.	Paris.
18 Jeu.	Paris.
19 Ven.	
20 Sam.	Paris, Saint-Pol.
21 Dim.	Champigny, Vincennes.
22 Lun.	
23 Mar.	Paris, Villeneuve-Saint-Georges.
24 Mer.	Lieusaint, Melun.
25 Jeu.	Melun.
26 Ven.	Melun.
27 Sam.	Melun.
28 Dim.	Melun.
29 Lun.	Melun.
30 Mar.	Melun.

MAI	
1 Mer.	Melun, Abbaye de Jard.
2 Jeu.	Melun.
3 Ven.	Melun.
4 Sam.	Melun.
5 Dim.	Melun.
6 Lun.	Melun.
7 Mar.	Melun.
8 Mer.	Melun.
9 Jeu.	Melun.
10 Ven.	Melun.
11 Sam.	Melun.
12 Dim.	Melun, Abbaye du Lys.
13 Lun.	Lys, Melun.
14 Mar.	Melun.
15 Mer.	Melun.
16 Jeu.	Melun.
17 Ven.	Melun.
18 Sam.	Melun.
19 Dim.	Melun.
20 Lun.	Melun.
21 Mar.	Melun.
22 Mer.	Melun.
23 Jeu.	Melun.
24 Ven.	Melun.
25 Sam.	Melun. Gîte à Vincennes.
26 Dim.	Melun, Meinsy.
27 Lun.	Melun.
28 Mar.	Melun.
29 Mer.	
30 Jeu.	Villepèque, Villeneuve-Saint-Georges.
31 Ven.	Au séjour, Gîte à St-Pol.

1381 — PAQUES, 14 avril.

JUIN

1 Sam.	*Paris*, Saint-Pol.
2 Dim.	*Paris.*
3 Lun.	
4 Mar.	*Paris*, Saint-Pol.
5 Mer.	*Paris*, Saint-Pol.
6 Jeu.	
7 Ven.	*Paris*, Bois de Vincennes.
8 Sam.	*Paris*, St-Pol, Vincennes.
9 Dim.	*Vincennes.*
10 Lun.	*Vincennes.*
11 Mar.	*Vincennes.*
12 Mer.	*Paris.*
13 Jeu.	*Paris.*
14 Ven.	*Paris*, Vincennes.
15 Sam.	*Paris.*
16 Dim.	*Paris*, Vincennes.
17 Lun.	*Paris*, Vincennes.
18 Mar.	*Vincennes.*
19 Mer.	*Vincennes.*
20 Jeu.	*Paris.*
21 Ven	*Vincennes.*
22 Sam.	*Paris.*
23 Dim.	*Vincennes.*
24 Lun.	
25 Mar.	*Vincennes.*
26 Mer.	
27 Jeu.	*Vincennes.*
28 Ven.	*Paris.*
29 Sam.	Bois de *Vincennes.*
30 Dim.	*Vincennes.*

JUILLET

1 Lun.	*Paris*, Vincennes.
2 Mar.	*Vincennes.*
3 Mer.	*Paris.*
4 Jeu.	
5 Ven.	*Paris.*
6 Sam.	*Lagny-sur-Marne.* Gite à *Crécy.*
7 Dim.	*Crécy-en-Brie.*
8 Lun.	*Crécy-en-Brie.*
9 Mar.	*Bicestre.*
10 Mer.	*Paris.*
11 Jeu.	*Saint-Victor-lès-Paris.*
12 Ven.	*Saint-Victor-lès-Paris.*
13 Sam.	*Saint-Victor-lès-Paris.*
14 Dim.	
15 Lun.	*Paris*, Bicêtre.
16 Mar.	*Saint-Victor.*
17 Mer.	
18 Jeu.	
19 Ven.	*Cachan, près Paris.*
20 Sam.	*Crécy.*
21 Dim.	*Paris.*
22 Lun.	St-*Victor de Paris. Vicestre.*
23 Mar.	*Crécy-en-Brie. Bicêtre.*
24 Mer.	
25 Jeu.	*Crécy-en-Brie.*
26 Ven.	*Crécy-en-Brie.*
27 Sam.	*Crécy-en-Brie.*
28 Dim.	*Crécy-en-Brie.*
29 Lun.	*Crécy-en-Brie.*
30 Mar.	*Crécy.*
31 Mer.	*Crécy.*

AOUT

1 Jeu.	*Crécy-en-Brie.*
2 Ven.	*Crécy-en-Brie.*
3 Sam.	
4 Dim.	*Crécy-en-Brie.*
5 Lun.	*Crécy-en-Brie.*
6 Mar.	
7 Mer.	*Crécy-en-Brie.*
8 Jeu.	*Bicêtre-lès-Paris.*
9 Ven.	*Crécy-en-Brie.*
10 Sam.	*Saint-Victor-lès-Paris.*
11 Dim.	
12 Lun.	*Paris.*
13 Mar.	
14 Mer.	*Meaux.*
15 Jeu.	*Meaux, Saint-Pharon.*
16 Ven.	*Acy-en-Mucien.*
17 Sam.	*Crépy-en-Valois.*
18 Dim.	*Compiègne.* Dîner à Saint-Jean-au-Bois.
19 Lun.	*Compiègne.*
20 Mar	*Compiègne.*
21 Mer.	*Compiègne.*
22 Jeu.	*Compiègne.*
23 Ven.	*Compiègne.*
24 Sam.	*Compiègne.*
25 Dim.	*Compiègne.*
26 Lun.	*Compiègne.*
27 Mar.	*Compiègne.*
28 Mer.	*Compiègne.*
29 Jeu.	*Compiègne.*
30 Ven.	*Compiègne.*
31 Sam.	*Compiègne.*

1351 — PAQUES, 14 avril.

SEPTEMBRE		OCTOBRE	
1 Dim.		1 Mar.	*Compiègne.*
2 Lun.	*Compiègne.*	2 Mer.	*Compiègne.*
3 Mar.	*Compiègne.*	3 Jeu.	*Compiègne.*
4 Mer.	*Compiègne.*	4 Ven.	
5 Jeu.	*Compiègne.*	5 Sam.	*Compiègne.*
6 Ven.		6 Dim.	*Compiègne.*
7 Sam.	*Paris.*	7 Lun.	*Compiègne.*
8 Dim.	*Compiègne.*	8 Mar.	*Compiègne.*
9 Lun.	*Soisy.* Gîte à *Compiègne.*	9 Mer.	*Compiègne.*
10 Mar.	*Choisy-sur-Aisne.*	10 Jeu.	*Compiègne.*
11 Mer.	*Chapelle-en-Serval.* Gîte à *Louvre.*	11 Ven.	*Compiègne.*
12 Jeu.	*Compiègne.*	12 Sam.	*Compiègne.*
13 Ven.	*Compiègne, Soisy.*	13 Dim.	*Compiègne.*
14 Sam.	*Compiègne, Choisy.*	14 Lun.	*Compiègne.*
15 Dim.	*Compiègne.*	15 Mar.	*Villeneuve.*
16 Lun.		16 Mer.	*Senlis.*
17 Mar.	*Compiègne.*	17 Jeu.	*Senlis.*
18 Mer.	*Compiègne.*	18 Ven	*Senlis.*
19 Jeu.	*Compiègne.*	19 Sam.	*Senlis.*
20 Ven.	*Compiègne.*	20 Dim.	*Senlis.*
21 Sam.	*Compiègne.*	21 Lun.	*Senlis.*
22 Dim.	*Compiègne.*	22 Mar.	*Senlis.*
23 Lun.	*Compiègne.*	23 Mer.	*Senlis.*
24 Mar.	*Compiègne.*	24 Jeu.	*Senlis.*
25 Mer.	*Compiègne.*	25 Ven.	
26 Jeu.	*Compiègne.*	26 Sam.	
27 Ven.	*Compiègne.*	27 Dim.	*Senlis.*
28 Sam.	*Compiègne.*	28 Lun.	*Senlis.*
29 Dim.	*Compiègne.*	29 Mar.	
30 Lun.	*Compiègne.*	30 Mer.	*Senlis.*
		31 Jeu.	*Senlis.*

NOVEMBRE

1 Ven.	*Senlis.*	15 Ven.	*Melun.*
2 Sam.	*Senlis.*	16 Sam.	*Melun.*
3 Dim.	*Senlis.*	17 Dim.	*Melun.*
4 Lun.	*Senlis.*	18 Lun.	*Melun.*
5 Mar.	*Senlis.*	19 Mar.	*Melun.*
6 Mer.	*La Chapelle-en-Serval*, *Louvres.*	20 Mer.	*Melun.*
7 Jeu.	*Saint-Denys.*	21 Jeu.	*Melun.*
8 Ven.	*Saint-Denys.*	22 Ven.	*Melun.*
9 Sam.	*Saint-Marcel*, Gîte à *Villeneuve.*	23 Sam.	*Melun.*
10 Dim.	*Lieusaint*, *Villeneuve-Saint-Georges.*	24 Dim.	*Paris, Saint-Denys.*
11 Lun.		25 Lun.	
12 Mar.		26 Mar.	*Saint-Denys.*
13 Mer.	*Melun.*	27 Mer.	*Saint-Denys.*
14 Jeu.	*Melun.*	28 Jeu.	*Saint-Denys.*
		29 Ven.	*Saint-Denys.*
		30 Sam.	*Saint-Denys.*

1382 — PAQUES, 6 avril.

DÉCEMBRE		JANVIER	
1 Dim.	*Vincennes.*	1 Mer.	
2 Lun.	*Vincennes.*	2 Jeu.	*Vincennes.*
3 Mar.	*Vincennes.*	3 Ven.	Bois de Vincennes.
4 Mer.	*Vincennes.*	4 Sam.	*Vincennes.*
5 Jeu.		5 Dim.	*Vincennes.*
6 Ven.	*Vincennes.*	6 Lun.	Bois de Vincennes.
7 Sam.	Bois de Vincennes.	7 Mar.	*Vincennes.*
8 Dim.		8 Mer.	*Vincennes*, *Beauté-sur-Marne.*
9 Lun.	*Vincennes.*	9 Jeu.	
10 Mar.	*Vincennes.*	10 Ven.	
11 Mer.	*Vincennes.*	11 Sam.	*Beauté.*
12 Jeu.	Châtel de Vincennes.	12 Dim.	*Vincennes, Paris.*
13 Ven.	*Vincennes.*	13 Lun.	*Beauté, Paris.*
14 Sam.	*Vincennes.*	14 Mar.	*Vincennes.*
15 Dim.	*Vincennes.*	15 Mer.	
16 Lun.	*Vincennes.*	16 Jeu.	*Vincennes.*
17 Mar.	Bois de Vincennes.	17 Ven.	
18 Mer.	*Vincennes.*	18 Sam.	
19 Jeu.	*Vincennes.*	19 Dim.	Bois de Vincennes.
20 Ven.		20 Lun.	
21 Sam	*Vincennes.*	21 Mar.	
22 Dim.	*Vincennes.*	22 Mer.	*Vincennes.*
23 Lun.	Bois de Vincennes.	23 Jeu.	
24 Mar.	*Vincennes.*	24 Ven.	
25 Mer.	*Vincennes.*	25 Sam.	*Vincennes.*
26 Jeu.		26 Dim.	
27 Ven.	*Vincennes.*	27 Lun.	
28 Sam.	*Vincennes.*	28 Mar.	
29 Dim.	*Vincennes.*	29 Mer.	*Paris.*
30 Lun		30 Jeu.	
31 Mar.	*Vincennes.* Gîte à *Paris.*	31 Ven.	

FÉVRIER			
1 Sam.		15 Sam.	*Paris.*
2 Dim.		16 Dim.	*Paris.*
3 Lun.	*Paris.*	17 Lun.	*Paris*, Saint-Pol.
4 Mar.		18 Mar.	
5 Mer.	*Paris.*	19 Mer.	*Paris.*
6 Jeu.	*Paris.*	20 Jeu.	*Paris.*
7 Ven.		21 Ven.	*Vincennes.*
8 Sam.	*Paris, Louvre.*	22 Sam.	*Paris.*
9 Dim.		23 Dim.	*Vincennes.*
10 Lun.	*Paris.*	24 Lun.	
11 Mar.		25 Mar.	
12 Mer.	*Vincennes.*	26 Mer.	*Paris.*
13 Jeu.		27 Jeu.	
14 Ven.		28 Ven.	

1882 — PAQUES. 6 avril.

MARS		AVRIL	
1 Sam.		1 Mar.	*Rouen.*
2 Dim.	*Vincennes.*	2 Mer.	*Rouen.*
3 Lun.		3 Jeu.	*Rouen.*
4 Mar.		4 Ven.	*Rouen.*
5 Mer.		5 Sam.	*Rouen.*
6 Jeu.	*Vincennes.*	6 Dim.	Pâques, *Rouen.*
7 Ven.		7 Lun.	*Etrepagny.*
8 Sam.	*Vincennes.*	8 Mar.	*Etrepagny, Gisors, Etrepagny.*
9 Dim.			
10 Lun.		9 Mer.	*Beauvais, Clermont.*
11 Mar.		10 Jeu.	*Neuville-en-Hes.*
12 Mer.	*Vincennes.*	11 Ven.	
13 Jeu.	*Vincennes.*	12 Sam.	*Compiègne.*
14 Ven.		13 Dim.	
15 Sam.		14 Lun.	*Compiègne.*
16 Dim.	*Vincennes.*	15 Mar.	
17 Lun.		16 Mer.	
18 Mar.		17 Jeu.	*Compiègne.*
19 Mer.	*Meulan, Mantes.*	18 Ven.	*Saint-Jean-du-Bois.*
20 Jeu.	*Vernon.*	19 Sam.	
21 Ven.		20 Dim.	*Meaux.*
22 Sam.	*Vernon.*	21 Lun.	
23 Dim.	*Pont-de-l'Arche.*	22 Mar.	
24 Lun.	*Pont-de-l'Arche.*	23 Mer.	
25 Mar.	*Pont-de-l'Arche.*	24 Jeu.	*Meaux.*
26 Mer.	*Pont-de-l'Arche.*	25 Ven.	*Meaux.*
27 Jeu.	*Pont-de-l'Arche.*	26 Sam.	
28 Ven.	Chatel du Pont-de-l'Arche.	27 Dim.	*Brie-comte-Robert.*
		28 Lun.	
29 Sam.	Chatel de Rouen.	29 Mar.	*Melun.*
30 Dim.		30 Mer.	*Melun.*
31 Lun.	*Rouen.*		

MAI			
1 Jeu.	*Melun.*	17 Sam.	*Saint-Denys.*
2 Ven.	*Melun.*	18 Dim.	
3 Sam.	*Melun.*	19 Lun.	
4 Dim.	*Melun.*	20 Mar.	*Melun.*
5 Lun.		21 Mer.	*Melun.*
6 Mar.	*Melun.*	22 Jeu.	*Melun.*
7 Mer.	*Melun.*	23 Ven.	*Melun.*
8 Jeu.	*Melun.*	24 Sam.	*Melun.*
9 Ven.	*Melun.*	25 Dim.	
10 Sam.	*Melun.*	26 Lun.	*Melun.*
11 Dim.		27 Mar.	*Melun.*
12 Lun.		28 Mer.	
13 Mar.		29 Jeu.	*Melun.*
14 Mer.	*Saint-Denys.*	30 Ven.	
15 Jeu.	*Saint-Denys.*	31 Sam	
16 Ven.			

1882 — PAQUES, 6 avril.

JUIN		JUILLET	
1 Dim.		1 Mar.	
2 Lun.		2 Mer.	
3 Mar.		3 Jeu.	
4 Mer.		4 Ven.	
5 Jeu.		5 Sam.	
6 Ven.	*Maubuisson-les-Pontoise.*	6 Dim.	
7 Sam.		7 Lun	
8 Dim.		8 Mar.	*Compiègne.*
9 Lun.	*Creil.*	9 Mer.	*Compiègne.*
10 Mar.		10 Jeu.	*Compiègne.*
11 Mer.	*Melun.*	11 Ven.	*Compiègne.*
12 Jeu.		12 Sam.	
13 Ven.		13 Dim.	*Senlis.*
14 Sam.	*Melun.*	14 Lun.	
15 Dim.		15 Mar.	*Senlis.*
16 Lun.		16 Mer.	
17 Mar.		17 Jeu.	
18 Mer.		18 Ven.	
19 Jeu.		19 Sam.	
20 Ven.	*Melun.*	20 Dim.	
21 Sam.	*Melun.*	21 Lun.	*Maubuisson.*
22 Dim.	*Melun.*	22 Mar.	
23 Lun.	*Melun.*	23 Mer.	
24 Mar.	*Melun.*	24 Jeu.	*Maubuisson.*
25 Mer.		25 Ven.	
26 Jeu.	*Melun.*	26 Sam.	
27 Ven.		27 Dim.	
28 Sam.	*Melun.*	28 Lun.	
29 Dim.		29 Mar.	
30 Lun.		30 Mer.	
		31 Jeu.	*Maubuisson.*

AOUT			
1 Ven.	*Attichy.*	17 Dim.	
2 Sam.	*Vic-sur-Aisne.*	18 Lun.	
3 Dim.	*Saint-Mars-les-Soissons.*	19 Mar.	
4 Lun		20 Mer.	
5 Mar.		21 Jeu.	
6 Mer.		22 Ven.	*Meaux.*
7 Jeu.	*Saint-Mars-les-Soissons.*	23 Sam.	
8 Ven.		24 Dim.	
9 Sam.	*Saint-Mars-les-Soissons.*	25 Lun.	
10 Dim.	*Saint-Mars les-Soissons.*	26 Mar.	*Paris.*
11 Lun.	*Soissons.*	27 Mer.	
12 Mar.	*Soissons.*	28 Jeu.	*Paris.*
13 Mer.	*Saint-Mars-les-Soissons.*	29 Ven.	
14 Jeu.		30 Sam.	*Paris.*
15 Ven.	*Compiègne.*	31 Dim.	
16 Sam.			

1382 — PAQUES, 6 avril.

SEPTEMBRE		OCTOBRE	
1 Lun.		1 Mer.	
2 Mar.		2 Jeu.	
3 Mer.		3 Ven.	*Montargis.*
4 Jeu.		4 Sam.	*Montargis.*
5 Ven.	*Vincennes.*	5 Dim.	*Montargis.*
6 Sam.	*Livry.*	6 Lun.	
7 Dim.		7 Mar.	
8 Lun.	*Vincennes.*	8 Mer.	
9 Mar.	*Vincennes.*	9 Jeu.	
10 Mer.		10 Ven.	
11 Jeu.		11 Sam.	*Paris.*
12 Ven.	*Vincennes.*	12 Dim.	
13 Sam.		13 Lun.	
14 Dim.	*Vincennes.*	14 Mar.	
15 Lun.		15 Mer.	
16 Mar.	*Paris.*	16 Jeu.	
17 Mer.		17 Ven.	
18 Jeu.		18 Sam.	
19 Ven.		19 Dim.	
20 Sam.		20 Lun.	*Compiègne.*
21 Dim.	*Paris.*	21 Mar.	*Compiègne.*
22 Lun.		22 Mer.	
23 Mar.		23 Jeu.	
24 Mer.		24 Ven.	
25 Jeu.		25 Sam.	
26 Ven.	*Montargis.*	26 Dim.	
27 Sam.		27 Lun.	*Compiègne.*
28 Dim.		28 Mar.	*Compiègne.*
29 Lun.		29 Mer.	*Noyon, Compiègne.*
30 Mar.		30 Jeu.	*Nesle,*
		31 Ven.	*Nesle.*

NOVEMBRE			
1 Sam.	Abbaye d'*Arouaise.*	16 Dim.	
2 Dim.		17 Lun.	*Seclin.*
3 Lun.	*Arras.*	18 Mar.	*Lille.*
4 Mar.		19 Mer.	*Lille.*
5 Mer.		20 Jeu.	*Commines.*
6 Jeu.	*Arras.*	21 Ven.	*Ypres.*
7 Ven.	*Arras.*	22 Sam.	*Ypres.*
8 Sam.	*Arras.*	23 Dim.	*Ypres.*
9 Dim.	*Arras.*	24 Lun.	*Ypres.*
10 Lun.		25 Mar.	*Ypres.*
11 Mar.		26 Mer.	
12 Mer.	Départ d'*Arras.*	27 Jeu.	Montagne de *Rosebeck.*
13 Jeu.		28 Ven.	*Tourout*
14 Ven.		29 Sam.	
15 Sam.	*Lens-en-Artois.*	30 Dim.	*Rolliers* (*Roulers*).

1383 — PAQUES, 22 mars.

DÉCEMBRE

1 Lun.	*Courtrai.*
2 Mar.	*Courtrai.*
3 Mer.	*Courtrai.*
4 Jeu.	*Courtrai.*
5 Ven.	*Courtrai.*
6 Sam.	*Courtrai.*
7 Dim.	*Courtrai.*
8 Lun.	*Courtrai.*
9 Mar.	*Courtrai.*
10 Mer.	*Courtrai.*
11 Jeu.	En l'ost à *Courtrai.*
12 Ven.	En l'ost à *Courtrai.*
13 Sam.	*Courtrai.*
14 Dim.	*Courtrai.*
15 Lun.	*Courtrai.*
16 Mar.	*Courtrai.*
17 Mer.	*Courtrai.*
18 Jeu.	*Courtrai.*
19 Ven.	*Tournai.*
20 Sam.	
21 Dim.	
22 Lun.	*Tournai.*
23 Mar.	*Tournai.*
24 Mer.	*Tournai.*
25 Jeu.	*Tournai.*
26 Ven.	*Tournai.*
27 Sam.	
28 Dim.	*Tournai.*
29 Lun.	
30 Mar.	
31 Mer.	*Péronne.*

JANVIER

1 Jeu.	*Noyon.*
2 Ven.	*Compiègne.*
3 Sam.	*Compiègne.*
4 Dim.	*Compiègne.*
5 Lun.	*Compiègne.*
6 Mar.	*Compiègne.*
7 Mer.	*Compiègne.*
8 Jeu.	*Senlis.*
9 Ven.	*Louvre.*
10 Sam.	*Saint-Denys.*
11 Dim.	*Paris*, Louvre.
12 Lun.	*Paris.*
13 Mar.	*Paris.*
14 Mer.	*Paris*, Louvre.
15 Jeu.	*Paris*, Louvre.
16 Ven.	*Paris.*
17 Sam.	*Paris*, Louvre.
18 Dim.	*Paris.*
19 Lun.	*Paris.*
20 Mar.	*Paris.*
21 Mer.	*Paris.*
22 Jeu.	*Paris.*
23 Ven.	*Paris.*
24 Sam.	*Paris*, Louvre.
25 Dim.	*Paris*, Louvre.
26 Lun.	*Paris.*
27 Mar.	*Paris.*
28 Mer.	*Paris*, Bastille, Louvre.
29 Jeu.	*Paris*, Louvre.
30 Ven.	*Paris.*
31 Sam.	*Paris*, Louvre.

FÉVRIER

1 Dim	*Paris.*	15 Dim.	*Paris.*
2 Lun.	*Paris*, Louvre.	16 Lun.	*Paris.*
3 Mar.	*Paris.*	17 Mar.	*Paris.*
4 Mer.	*Paris.*	18 Mer.	*Paris.*
5 Jeu.	*Paris.*	19 Jeu.	*Paris*, Louvre.
6 Ven.	*Paris*, Louvre.	20 Ven.	*Paris.*
7 Sam.	*Paris*, Louvre.	21 Sam.	*Paris.*
8 Dim.	*Paris.*	22 Dim.	*Paris*, Louvre.
9 Lun.	*Paris*, Louvre.	23 Lun.	*Paris.*
10 Mar.	*Paris*, Louvre.	24 Mar.	*Saint-Denys, Paris.*
11 Mer.	*Paris*, Louvre.	25 Mer.	*Paris.*
12 Jeu.	*Paris.*	26 Jeu.	*Paris*, Louvre.
13 Ven.	*Paris.*	27 Ven.	*Paris.*
14 Sam.	*Paris*, Louvre, Vincennes.	28 Sam.	*Paris*, Louvre.

1383 — PAQUES, 22 mars.

MARS		AVRIL	
1 Dim.	*Paris.*	1 Mer.	*Paris.*
2 Lun.	*Paris.*	2 Jeu.	*Paris.*
3 Mar.	*Paris.*	3 Ven.	*Paris.*
4 Mer.	*Paris.*	4 Sam.	*Paris.*
5 Jeu.	*Paris*, Louvre.	5 Dim.	Bois de Vincennes.
6 Ven.	*Paris.*	6 Lun.	*Vincennes.*
7 Sam.	*Paris.*	7 Mar.	*Vincennes.*
8 Dim.	*Paris*, Vincennes.	8 Mer.	*Bièvre, Chevreuse.*
9 Lun.	*Paris.*	9 Jeu.	*Chevreuse.* Diner à *Rambouillet.* Gite à *Galardon.*
10 Mar.	Diner et souper à *Beauté-sur-Marne.* Gite à *Vincennes.*	10 Ven.	*Galardon, Chartres.*
11 Mer.		11 Sam.	*Voves, Arthenay, Chatres.*
12 Jeu.		12 Dim.	*Voves, Jenville, Char(r's.*
13 Ven.	*Paris*, Louvre.	13 Lun.	*Arthenay.*
14 Sam.	*Paris*, Louvre.	14 Mar.	*Chartres.*
15 Dim.	*Paris*, Louvre.	15 Mer.	
16 Lun.	*Paris.*	16 Jeu.	*Orléans.*
17 Mar.	*Paris.*	17 Ven.	*Orléans.*
18 Mer.		18 Sam.	*Orléans.*
19 Jeu.	*Paris.*	19 Dim.	*Orléans.*
20 Ven.	*Paris.*	20 Lun	*Orléans.*
21 Sam.	*Paris.*	21 Mar.	*Orléans.*
22 Dim.	*Paris*, Louvre.	22 Mer.	*Orléans.*
23 Lun.	*Paris.*	23 Jeu.	*Orléans.*
24 Mar.	*Paris*, Louvre.	24 Ven.	*Orléans.*
25 Mer.	*Paris*, Louvre	25 Sam.	*Orléans.*
26 Jeu.	*Paris.*	26 Dim.	*Orléans.*
27 Ven.	*Paris.*	27 Lun.	*Yeuvre-le-Chastel.*
28 Sam.	*Paris.*	28 Mar.	*Malesherbes, Milly.*
29 Dim.	*Paris.*	29 Mer.	*Mongermont, Melun.*
30 Lun.	*Paris.*	30 Jeu.	*Melun.*
31 Mar.	*Paris*, Louvre.		

MAI			
1 Ven.	*Melun.*	16 Sam.	*Paris*, Vincennes.
2 Sam.	*Melun.*	17 Dim.	
3 Dim.	*Jard, Melun.*	18 Lun.	*Paris*, Louvre.
4 Lun.	*Melun.*	19 Mar.	*Paris*, Louvre.
5 Mar.	*Melun.*	20 Mer.	
6 Mer.	*Melun.*	21 Jeu.	*Paris*, Louvre.
7 Jeu.	*Melun.*	22 Ven.	*Paris*, Louvre. St-Marcel.
8 Ven.		23 Sam.	*Paris*, Saint-Pol.
9 Sam.	*Melun.*	24 Dim.	*Paris*, Nesle, Louvre, St-Pol
10 Dim.	*Melun.*	25 Lun.	*Paris*, Louvre.
11 Lun.	*Melun.*	26 Mar.	*Paris*, Louvre.
12 Mar.	Diner à Mussy-l'Évêque. Souper et gite à Brie-Comte-Robert.	27 Mer.	*Paris*, Louvre.
13 Mer.	*Vincennes.*	28 Jeu.	
14 Jeu.		29 Ven.	*Paris.*
15 Ven.	*Beauté-sur-Marne.*	30 Sam.	*Paris*, Louvre.
		31 Dim.	*Paris*, Louvre.

1383 — PAQUES, 22 mars.

JUIN		JUILLET	
1 Lun.		1 Mer.	Diner à *Poissy*, Souper aux *Loges*. Gite à *St-Germain*.
2 Mar.	Louvre.	2 Jeu.	*Saint-Germain*.
3 Mer.	*Paris*.	3 Ven.	*Saint-Germain*.
4 Jeu.		4 Sam.	*Saint-Germain*.
5 Ven.	*Paris*.	5 Dim.	*Saint-Germain*.
6 Sam.		6 Lun.	Diner à *Poissy*, Souper aux *Loges*.
7 Dim.		7 Mar.	*Paris*.
8 Lun.	*Paris*, Louvre.	8 Mer.	*Paris*.
9 Mar.	Louvre, Saint-Pol.	9 Jeu.	*Paris*.
10 Mer.	*Paris*, Diner Louvre. Gite Saint-Pol.	10 Ven.	*Paris*.
11 Jeu.		11 Sam.	*Paris*.
12 Ven.	*Paris*, Nesle, Cordeliers, St-Marcel. Gite St-Pol.	12 Dim.	*Paris*.
13 Sam.	*Paris*, Saint-Pol.	13 Lun.	*Paris*.
14 Dim.	*Paris*, Saint-Pol.	14 Mar.	*Paris*.
15 Lun.	*Paris*, Saint-Pol.	15 Mer.	*Paris*.
16 Mar.	*Paris*, Saint-Pol.	16 Jeu.	*Paris*.
17 Mer.	*Paris*, Saint-Pol.	17 Ven.	*Paris*, *Beauté-sur-Marne*.
18 Jeu.	*Paris*.	18 Sam.	*Paris*.
19 Ven.	*Paris*, Louvre.	19 Dim.	*Paris*.
20 Sam.	*Paris*, Saint-Pol.	20 Lun.	*Paris*.
21 Dim.	*Paris*.	21 Mar.	*Paris*.
22 Lun.	*Bondy*, *Saint-Denys*, *Paris*.	22 Mer.	*Paris*.
23 Mar.	*Paris*.	23 Jeu.	*Paris*.
24 Mer.	*Paris*.	24 Ven.	*Paris*, Louvre.
25 Jeu.	*Bondy*, *Paris*.	25 Sam.	*Paris*.
26 Ven.	*Paris*.	26 Dim.	*Paris*.
27 Sam.	*Paris*.	27 Lun.	*Paris*.
28 Dim.	*Paris*.	28 Mar.	*Paris*, Louvre.
29 Lun.	*Saint-Germain*.	29 Mer.	*Paris*.
30 Mar.	Diner à *Montjoie*. Gite à *Saint-Germain*.	30 Jeu.	*Paris*.
		31 Ven.	*Paris*, Louvre.

AOUT			
1 Sam.	*Paris*.	17 Lun.	*Péronne*.
2 Dim.	*Paris*, *Saint-Denys*.	18 Mar.	*Péronne*, *Bapaumes*.
3 Lun.	*Louvre*, *Senlis*.	19 Mer.	*Arras*.
4 Mar.	*Creil*.	20 Jeu.	*Arras*.
5 Mer.	*Senlis*, *Creil*.	21 Ven.	*Arras*.
6 Jeu.	*Senlis*.	22 Sam.	*Arras*.
7 Ven.	*Senlis*.	23 Dim.	*Arras*.
8 Sam.	*Senlis*.	24 Lun.	*Arras*.
9 Dim.	*Senlis*, *Verberie*, *Compiègne*.	25 Mar.	*Arras*, *Marcottes*.
10 Lun.	*Compiègne*, *Pont-à-Choisy*.	26 Mer.	
11 Mar.	*Compiègne*.	27 Jeu.	*Arras*, *Mont Saint-Eloy*.
12 Mer.	*Compiègne*. *Choisy*.	28 Ven.	En l'ost à *Aubigny*, au *Brouillart*.
13 Jeu.		29 Sam.	*Gonnay*,
14 Ven.	*Noyon*.	30 Dim.	*Gonnay*.
15 Sam.	*Noyon*.	31 Lun.	Tout le jour *sur les champs*. En son ost à Maumes, sur la rivière du Lis.
16 Dim.	*Noyon*, *Nesle*.		

1383 — PAQUES, 22 mars.

SEPTEMBRE		OCTOBRE	
1 Mar.	Aux champs sur *Argues*.	1 Jeu.	*Amiens*.
2 Mer.	Aux champs au *Val-de-Cassel*.	2 Ven.	*Moreuil, Mont-Didier*.
3 Jeu.	Aux champs emprès *Cassel*.	3 Sam.	*Gournay, Compiègne*.
4 Ven.	En armes sur les champs à *Rossemberque*.	4 Dim.	*Compiègne*.
		5 Lun.	*Compiègne*.
5 Sam.	En armes sur les champs.	6 Mar.	*Compiègne*.
6 Dim.	En armes sur les champs	7 Mer.	*Compiègne*.
7 Lun.	*Berque* fut pris après minuit, par Mgr. l'amiral.	8 Jeu.	*Compiègne*.
		9 Ven.	*Compiègne*.
8 Mar.	*Berque*.	10 Sam.	*Compiègne*.
9 Mer.	*Dunkerque*.	11 Dim.	*Compiègne*.
10 Jeu.	*Dunkerque*.	12 Lun.	*Compiègne*.
11 Ven.	Tout le jour aux champs.	13 Mar.	*Compiègne*.
12 Sam.	Aux champs devant *Bourbourg*.	14 Mer.	*Verberie, Senlis*.
13 Dim.	Aux tentes devant *Bourbourg*.	15 Jeu.	*Louvre, Paris*.
14 Lun.	Aux tentes devant *Bourbourg*.	16 Ven.	*Saint-Denys*.
15 Mar.	En l'ost à *Bourbourg*. En nos tentes à *Bourbourg*.	17 Sam.	*Paris*, Saint-Denys.
		18 Dim.	*Paris*.
16 Mer.	Aux champs.	19 Lun.	*Paris*.
17 Jeu.	Aux champs.	20 Mar.	*Paris*.
18 Ven.	Aux champs.	21 Mer.	*Paris*.
19 Sam.	Aux champs.	22 Jeu.	*Bondy, Paris*.
20 Dim.	*Rassemberque*.	23 Ven.	*Paris*.
21 Lun.	*Rassemberque*.	24 Sam.	*Paris*, Louvre.
22 Mar.	Abbaye de *Blandaque*.	25 Dim.	*Paris*, Louvre.
23 Mer.	*Aubin*.	26 Lun.	*Paris*, Louvre.
24 Jeu.	*Aubin, Hesdin*.	27 Mar.	*Paris*.
25 Ven.	*Hesdin, Dourlens*.	28 Mer.	*Paris*.
26 Sam.	*Dourlens, Lussant*.	29 Jeu.	*Paris*.
27 Dim.	*Amiens*.	30 Ven.	*Paris*.
28 Lun.	*Amiens*.	31 Sam.	*Paris*, au Palais.
29 Mar.	*Amiens*.		
30 Mer.	*Amiens*.		

NOVEMBRE			
1 Dim.	*Paris*, au Palais.	17 Mar.	*Paris*.
2 Lun.	*Paris*.	18 Mer.	*Paris*.
3 Mar.	*Paris*.	19 Jeu.	*Paris*.
4 Mer.	*Paris*.	20 Ven.	*Paris*.
5 Jeu.	*Paris*.	21 Sam.	*Paris*.
6 Ven.	*Paris*, Louvre.	22 Dim.	*Paris*, Louvre.
7 Sam.	*Paris*.	23 Lun.	*Paris*.
8 Dim.	*Paris*.	24 Mar.	*Paris*.
9 Lun.	*Paris*, Vincennes.	25 Mer.	*Paris*.
10 Mar.	*Vincennes, Paris*.	26 Jeu.	*Paris*.
11 Mer.	*Vincennes*.	27 Ven.	*Paris*.
12 Jeu.	*Vincennes*.		
13 Ven.	*Vincennes, Paris*.	28 Sam.	Diner au Louvre. Gite à *Vincennee*.
14 Sam.	*Vincennes, Paris*.	29 Dim.	*Vincennes*.
15 Dim.	*Paris*.	30 Lun.	Diner à *Lieusaint*. Souper et gite à *Melun*.
16 Lun.	*Paris*.		

1384 — PAQUES, 10 avril.

DÉCEMBRE		JANVIER	
1 Mar.	*Melun.*	1 Ven.	*Paris.*
2 Mer.	*Melun, Paris.*	2 Sam.	*Paris*, Louvre.
3 Jeu.	*Melun.*	3 Dim.	*Paris*, Louvre, Vincennes.
4 Ven.	*Melun.*	4 Lun.	*Paris.*
5 Sam.	*Paris.*	5 Mar.	*Paris.*
6 Dim.	*Melun.*	6 Mer.	*Paris*, Louvre.
7 Lun.	*Melun.*	7 Jeu.	*Paris.*
8 Mar.	*Melun.*	8 Ven.	Au *Bourget.*
9 Mer.	*Melun.*	9 Sam.	*Paris.*
10 Jeu.	*Melun.*	10 Dim.	*Paris*, Bois de Vincennes.
11 Ven.	*Melun.*	11 Lun.	*Beauté, Vincennes.*
12 Sam.	*Melun.*	12 Mar.	*Paris.*
13 Dim.	*Melun.*	13 Mer.	*Paris.*
14 Lun.	*Melun.*	14 Jeu.	*Beauté-sur-Marne.*
15 Mar.		15 Ven.	
16 Mer.		16 Sam.	
17 Jeu.	*Melun.* Gite à *Barbeaux.*	17 Dim.	
18 Ven.	*Melun.*	18 Lun.	
19 Sam.	*Villeneuve-saint-Georges.*	19 Mar.	
20 Dim.	*Vincennes, Melun.*	20 Mer.	*Beauté-sur-Marne.*
21 Lun.		21 Jeu.	*Beauté-sur-Marne.*
22 Mar.	*Paris.*	22 Ven.	
23 Mer.	*Paris.*	23 Sam.	
24 Jeu.	*Paris.*	24 Dim.	*Beauté-sur-Marne, Paris.*
25 Ven.	*Paris.*	25 Lun.	
26 Sam.	*Paris.* Diner à *Merville.*	26 Mar.	*Beauté-sur-Marne.*
27 Dim.	*Paris.*	27 Mer.	*Beauté-sur-Marne, Paris.*
28 Lun.	*Paris.*	28 Jeu.	*Paris.*
29 Mar.	*Paris.*	29 Ven.	
30 Mer.	*Paris.*	30 Sam.	
31 Jeu.	*Paris.* Diner au Louvre, Gite au Palais.	31 Dim.	*Paris.*

FEVRIER			
1 Lun.	*Paris.*	16 Mar.	*Paris*, Saint-Pol.
2 Mar.		17 Mer.	*Paris.*
3 Mer.		18 Jeu.	
4 Jeu.	*Paris.*	19 Ven.	*Paris.*
5 Ven.	*Paris.*	20 Sam.	*Paris*
6 Sam.	*Paris.*	21 Dim.	
7 Dim.	*Paris.*	22 Lun.	
8 Lun.	*Paris.*	23 Mar.	*Paris.*
9 Mar.	*Paris.* Louvre.	24 Mer.	*Paris.*
10 Mer.	*Paris.*	25 Jeu.	
11 Jeu.		26 Ven.	
12 Ven.	*Paris.*	27 Sam.	*Paris.*
13 Sam.	*Paris.*	28 Dim.	
14 Dim.	*Paris.*	29 Lun.	*Paris.*
15 Lun			

1384 — PAQUES. 10 avril.

MARS		AVRIL	
1 Mar.		1 Ven.	
2 Mer.	*Paris.*	2 Sam.	*Senlis.*
3 Jeu.	*Paris.*	3 Dim.	
4 Ven.	*Paris.*	4 Lun.	
5 Sam.	*Paris.*	5 Mar.	
6 Dim.		6 Mer.	*Senlis.*
7 Lun.	*Paris.*	7 Jeu.	
8 Mar.	*Paris*	8 Ven.	*Senlis.*
9 Mer.	*Paris.*	9 Sam.	*Senlis.*
10 Jeu.	*Paris.*	10 Dim.	Pâques.
11 Ven.	*Paris.*	11 Lun.	
12 Sam.		12 Mar.	
13 Dim.	*Paris.*	13 Mer.	
14 Lun.	*Paris.*	14 Jeu.	*Senlis.*
15 Mar.	*Paris.*	15 Ven.	
16 Mer.	*Paris.*	16 Sam.	*Senlis.*
17 Jeu.		17 Dim.	*Senlis.*
18 Ven.	*Paris.*	18 Lun.	
19 Sam.	*Saint-Germain.*	19 Mar.	
20 Dim.	*Saint-Germain*	20 Mer.	
21 Lun.		21 Jeu.	
22 Mar.		22 Ven.	*Senlis.*
23 Mer.		23 Sam.	
24 Jeu.		24 Dim.	
25 Ven.	*Saint-Germain-en-Laye.*	25 Lun.	
26 Sam.		26 Mar.	*Senlis.*
27 Dim.	*Paris.*	27 Mer.	
28 Lun.	*Paris.*	28 Jeu.	
29 Mar.	*Maubuisson.*	29 Ven.	*Senlis.*
30 Mer.		30 Sam.	
31 Jeu.			

MAI			
1 Dim.		17 Mar.	*Saint-Denys.*
2 Lun.	*Senlis.*	18 Mer.	*Paris.*
3 Mar.		19 Jeu.	*Paris.*
4 Mer.		20 Ven.	*Bondy, Paris.*
5 Jeu.		21 Sam.	*Paris.*
6 Ven.		22 Dim.	*Paris,* Vincennes.
7 Sam.		23 Lun.	*Paris.*
8 Dim.		24 Mar.	*Paris.*
9 Lun.		25 Mer.	*Paris.*
10 Mar.		26 Jeu.	*Paris,* Louvre.
11 Mer.	*Gouvieux.*	27 Ven.	*Paris.*
12 Jeu.		28 Sam.	*Paris.*
13 Ven.		29 Dim.	*Paris.*
14 Sam.		30 Lun.	*Paris.*
15 Dim.	*Senlis.*	31 Mar.	*Paris.*
16 Lun.	*Paris,* Louvre en Parisis, Saint-Denys.		

1384 — PAQUES, 10 avril.

JUIN		JUILLET	
1 Mer.	*Conflans, Villeneuve-saint-Georges.*	1 Ven.	*Paris.*
2 Jeu.	*Villeperche.*	2 Sam.	*Paris.*
3 Ven.	*Melun.*	3 Dim.	*Paris.*
4 Sam.	*Melun.*	4 Lun.	*Vincennes, Paris.*
5 Dim.	*Melun.*	5 Mar.	
6 Lun.	*Savigny-le-Temple.*	6 Mer.	*Paris.*
7 Mar.	*Melun.*	7 Jeu.	*Paris.*
8 Mer.	*Melun.*	8 Ven.	*Paris.*
9 Jeu.	*Melun.*	9 Sam.	*Paris.*
10 Ven.		10 Dim.	*Paris.*
11 Sam.	*Melun.*	11 Lun.	*Paris.*
12 Dim.	*Melun.*	12 Mar.	*Paris.*
13 Lun.	*Melun.*	13 Mer.	*Paris.*
14 Mar.	*Melun.*	14 Jeu.	*Paris.*
15 Mer.	*Melun.*	15 Ven.	*Paris.*
16 Jeu.	*Melun.*	16 Sam.	*Paris.*
17 Ven.	*Melun, Abbaye de Barbeaux.*	17 Dim.	*Paris.*
		18 Lun.	*Paris.*
		19 Mar.	*Paris.*
18 Sam.		20 Mer.	*Paris.*
19 Dim.	*Milly-en-Gastinais.*	21 Jeu.	*Paris.*
20 Lun.	*Melun, Milly.*	22 Ven.	*Paris.*
21 Mar.	*Melun.*	23 Sam.	*Paris.*
22 Mer.		24 Dim.	*Paris.*
23 Jeu.		25 Lun.	*Saint-Denys*
24 Ven.	*Paris.*	26 Mar.	
25 Sam.	*Paris.*	27 Mer.	
26 Dim.		28 Jeu.	
27 Lun.	*Paris.*	29 Ven.	
28 Mar.	*Paris.*	30 Sam.	
29 Mer.	*Paris.*	31 Dim.	
30 Jeu.	*Paris.*		

AOUT			
1 Lun.		17 Mer.	
2 Mar.		18 Jeu.	
3 Mer.	*Saint-Germain-en-Laye*	19 Ven.	
4 Jeu.		20 Sam.	
5 Ven.	*Paris.*	21 Dim.	
6 Sam.		22 Lun	*Paris.*
7 Dim.		23 Mar.	
8 Lun.	*Paris.*	24 Mer.	
9 Mar.		25 Jeu.	
10 Mer.		26 Ven.	
11 Jeu.		27 Sam.	
12 Ven.		28 Dim.	
13 Sam.		29 Lun	
14 Dim.		30 Mar.	*Senli*
15 Lun.		31 Sam.	*Paris, Senlis.*
16 Mar.	*Paris.*		

1384. — PAQUES, 10 avril.

SEPTEMBRE		OCTOBRE	
1 Jeu.		1 Sam.	
2 Ven.	*Senlis.*	2 Dim.	
3 Sam.		3 Lun.	
4 Dim.		4 Mar.	
5 Lun.		5 Mer.	
6 Mar.	*Paris.*	6 Jeu.	*Paris*, Saint-Pol.
7 Mer.		7 Ven.	
8 Jeu.		8 Sam.	
9 Ven.		9 Dim.	*Paris.*
10 Sam.		10 Lun.	*Paris.*
11 Dim.		11 Mar.	*Paris.*
12 Lun.		12 Mer.	*Paris.*
13 Mar.		13 Jeu.	*Paris.*
14 Mer.		14 Ven.	*Paris.*
15 Jeu.		15 Sam.	*Paris.*
16 Ven.		16 Dim.	*Paris.*
17 Sam.	*Paris.*	17 Lun.	*Paris.*
18 Dim.		18 Mar.	*Paris.*
19 Lun.		19 Mer.	*Paris*, Saint-Pol.
20 Mar.	*Paris.*	20 Jeu.	*Paris.*
21 Mer.		21 Ven.	*Paris. Boissy-les-Pont-de Charenton,*
22 Jeu.		22 Sam.	
23 Ven.		23 Dim.	
24 Sam.	*Paris.*	24 Lun.	
25 Dim.		25 Mar.	
26 Lun.	*Paris.*	26 Mer.	
27 Mar.		27 Jeu.	
28 Mer.	Entre *Paris* et le pont de *Charenton.*	28 Ven.	
29 Jeu.	*Paris.*	29 Sam.	
30 Ven.	*Paris.*	30 Dim.	*Saint-Germain-en-Laye.*
		31 Lun.	*Saint-Germain.*

NOVEMBRE

1 Mar.	*Saint-Germain-en-Laye.*	16 Mer.	
2 Mer.	*Saint-Germain.*	17 Jeu.	
3 Jeu.		18 Ven.	
4 Ven.		19 Sam.	
5 Sam.		20 Dim.	
6 Dim.		21 Lun.	*Paris.*
7 Lun.		22 Mar.	*Paris.*
8 Mar.	*Vincennes.*	23 Mer.	
9 Mer.		24 Jeu.	
10 Jeu.		25 Ven.	*Paris.*
11 Ven.		26 Sam.	
12 Sam.	*Paris.*	27 Dim.	
13 Dim.	*Vincennes.*	28 Lun.	
14 Lun.	*Vincennes.*	29 Mar.	
15 Mar.		30 Mer.	

1385 — PAQUES, 2 avril.

DÉCEMBRE		JANVIER	
1 Jeu.		1 Dim.	*Paris.*
2 Ven.		2 Lun.	*Paris*, Louvre.
3 Sam.		3 Mar.	
4 Dim.	*Paris.*	4 Mer.	*Dammartin.*
5 Lun.	*Paris.*	5 Jeu.	
6 Mar.		6 Ven.	
7 Mer.		7 Sam.	
8 Jeu.		8 Dim.	
9 Ven.	*Paris.*	9 Lun.	
10 Sam.	*Paris.*	10 Mar.	*Paris.*
11 Dim.		11 Mer.	
12 Lun.		12 Jeu.	*Paris.*
13 Mar.		13 Ven.	
14 Mer.		14 Sam.	
15 Jeu.	*Paris.*	15 Dim.	*Paris.*
16 Ven.	*Paris.*	16 Lun.	
17 Sam.		17 Mar.	*Senlis.*
18 Dim.		18 Mer.	
19 Lun.		19 Jeu.	
20 Mar.		20 Ven.	
21 Mer.	*Paris.*	21 Sam.	
22 Jeu.	*Paris.*	22 Dim.	
23 Ven.	*Paris.*	23 Lun.	
24 Sam.	*Paris.*	24 Mar.	
25 Dim.	*Paris.*	25 Mer.	
26 Lun.	*Paris.*	26 Jeu.	*Saint-Germain-en-Laye.*
27 Mar.	*Paris.*	27 Ven.	*Paris.*
28 Mer.	*Paris.*	28 Sam	
29 Jeu.	*Paris.*	29 Dim.	
30 Ven.	*Paris.*	30 Lun.	
31 Sam.	*Paris.*	31 Mar.	
		S. d.	*Franconville.*

FÉVRIER			
1 Mer.		15 Mer.	*Paris*, Hôlel de Nesle.
2 Jeu.		16 Jeu.	*Paris*, Nesle.
3 Ven.	*Paris.*	17 Ven.	*Paris*, Nesle.
4 Sam.		18 Sam.	*Paris*, Nesle.
5 Dim.	*Paris.*	19 Dim.	*Paris*, *Beauté-sur-Marne.*
6 Lun.	*Paris*, Saint-Pol.	20 Lun.	*Paris.*
7 Mar.	*Paris*, Saint-Pol.	21 Mar.	*Paris.*
8 Mer.	*Paris*, Saint-Pol.	22 Mer.	*Paris.*
9 Jeu.	*Paris*, Saint-Pol.	23 Jeu.	*Paris.*
10 Ven.	*Paris*, Saint-Pol.	24 Ven.	*Paris.*
11 Sam.	*Paris.*	25 Sam.	*Paris.*
12 Dim.	*Paris.*	26 Dim.	*Paris.*
13 Lun.	*Paris.*	27 Lun.	*Paris.*
14 Mar.	*Paris.*	28 Mar.	*Paris*, *Beauté.*

1385 — PAQUES, 2 avril.

MARS		AVRIL	
1 Mer.	*Paris.*	1 Sam.	
2 Jeu.	*Paris, Beauté.*	2 Dim.	Pâques.
3 Ven.	*Paris.*	3 Lun.	
4 Sam.	*Paris.*	4 Mar.	*Paris.*
5 Dim.	*Paris, Beauté.*	5 Mer.	
6 Lun.	*Paris.*	6 Jeu.	*Paris.*
7 Mar.	*Paris.*	7 Ven.	*Paris.*
8 Mer.	*Paris.*	8 Sam.	
9 Jeu.	*Paris.*	9 Dim.	*Saint-Quentin, Ham.*
10 Ven.	*Paris.*	10 Lun.	*Vaucelles.*
11 Sam.	*Paris.*	11 Mar.	*Cambrai.*
12 Dim.	*Paris.*	12 Mer.	*Cambrai.* [Mariage de Jean Sans Peur.]
13 Lun.	*Paris.*	13 Jeu.	*Cambrai.*
14 Mar.	*Paris.*	14 Ven.	*Cambrai.*
15 Mer.	*Paris.*	15 Sam.	*Vaucelles.*
16 Jeu.	*Paris.*	16 Dim.	
17 Ven.	*Paris*	17 Lun.	
18 Sam.	*Paris.*	18 Mar.	
19 Dim.	*Paris.*	19 Mer.	
20 Lun.	*Paris*, Louvre.	20 Jeu.	
21 Mar.	*Paris.*	21 Ven.	
22 Mer.	*Paris.*	22 Sam.	*Compiègne.*
23 Jeu.	*Paris.*	23 Dim	*Compiègne.*
24 Ven.	*Paris.*	24 Lun.	*Compiègne.*
25 Sam	*Paris*, Vincennes.	25 Mar.	*Compiègne.*
26 Dim		26 Mer.	*Compiègne.*
27 Lun.	*Paris.*	27 Jeu	*Senlis.*
28 Mar.		28 Ven.	
29 Mer.		29 Sam	*Vincennes.*
30 Jeu.		30 Dim.	*Paris.*
31 Ven.	*Paris.*		

MAI			
1 Lun.	Bois de Vincennes.	17 Mer	*Melun.*
2 Mar.	*Vincennes.*	18 Jeu.	*Melun.*
3 Mer.	*Vincennes, Paris.*	19 Ven.	*Melun.*
4 Jeu.	*Conflans, Paris*, Saint-Pol.	20 Sam.	*Melun.*
5 Ven.	*Paris.*	21 Dim.	*Melun.*
6 Sam.	Conciergerie à Vincennes.	22 Lun.	*Melun.*
7 Dim.		23 Mar.	*Melun.*
8 Lun.	*Paris.*	24 Mer.	*Moret-en-Gastinois.*
9 Mar.	*Paris*, Saint-Pol.	25 Jeu.	*Melun.*
10 Mer.	*Paris*, Hôtel Saint-Pol.	26 Ven.	*Melun. Moret.*
11 Jeu.	*Paris*	27 Sam.	*Melun.*
12 Ven		28 Dim.	*Melun.*
13 Sam.	*Villeneuve-saint-Georges.*	29 Lun.	*Melun.*
14 Dim.	*Melun.*	30 Mar.	*Melun.*
15 Lun	*Melun.*	31 Mer.	*Melun.*
16 Mar.	*Melun.*		

1385 — PAQUES, 2 avril.

JUIN	
1 Jeu.	*Melun.*
2 Ven.	*Corbeil.*
3 Sam.	*Paris.*
4 Dim.	*Paris.*
5 Lun	*Paris.*
6 Mar.	*Paris.*
7 Mer.	*Paris.*
8 Jeu.	*Paris.*
9 Ven.	*Paris.*
10 Sam	
11 Dim.	*Corbeil.*
12 Lun.	*Melun.*
13 Mar.	*Melun.*
14 Mer.	*Melun.*
15 Jeu.	*Nemours.*
16 Ven.	*Nemours.*
17 Sam.	*Nemours.*
18 Dim.	*Nemours.*
19 Lun.	*Nemours.*
20 Mar.	*Nemours.*
21 Mer.	*Nemours.*
22 Jeu.	*Melun.*
23 Ven.	*Melun.*
24 Sam.	*Melun.*
25 Dim.	*Melun.*
26 Lun.	
27 Mar.	
28 Mer.	*Vincennes.*
29 Jeu.	*Vincennes.*
30 Ven.	

JUILLET	
1 Sam.	*Paris.*
2 Dim.	*Paris.*
3 Lun.	*Paris.*
4 Mar.	*Paris.*
5 Mer.	*Paris.*
6 Jeu.	*Paris.*
7 Ven.	*Paris.*
8 Sam	*Paris* à N.-D.
9 Dim.	*Paris.*
10 Lun.	*Saint-Denys, Asnières.*
11 Mar.	*Creil, Clermont.*
12 Mer	*Saint-Just, Montdidier.*
13 Jeu.	*Boves, Amiens.*
14 Ven.	*Amiens.*
15 Sam.	*Amiens.*
16 Dim	*Amiens.*
17 Lun.	*Amiens*, [Mariage du roi.]
18 Mar.	*Amiens.*
19 Mer.	*Amiens.*
20 Jeu.	*Amiens.*
21 Ven	*Beauquesne, Lisseul.*
22 Sam	*Venne-le-Comte.*
23 Dim.	Abbaye d'*Estran. Arras.*
24 Lun.	*Arras.*
25 Mar.	*Lens.*
26 Mer.	*Séclin, Lille.*
27 Jeu.	*Ménin.*
28 Ven.	*Roulers.*
29 Sam.	*Ertvelde.*
30 Dim.	Aux champs devant *Epermaville.*
31 Lun.	Aux champs devant le *Dam*

AOUT			
1 Mar.	Aux champs devant le *Dam*	17 Jeu.	Devant le *Dam.*
2 Mer	Devant le *Dam.*	18 Ven.	Devant le *Dam.*
3 Jeu.	Devant le *Dam.*	19 Sam.	Devant le *Dam.*
4 Ven.	Devant le *Dam.*	20 Dim.	Devant le *Dam.*
5 Sam.	Devant le *Dam.*	21 Lun.	Devant le *Dam.*
6 Dim.	Devant le *Dam.*	22 Mar.	En l'ost devant le *Dam.*
7 Lun.	Devant le *Dam.*	23 Mer.	Devant le *Dam.*
8 Mar.	Devant le *Dam.*	24 Jeu.	Devant le *Dam.*
9 Mer.	Devant le *Dam.*	25 Ven.	Devant le *Dam.*
10 Jeu.	Devant le *Dam.*	26 Sam.	En l'ost devant le *Dam.*
11 Ven.	Devant le *Dam.*	27 Dim.	Devant le *Dam.*
12 Sam.	Devant le *Dam.*	28 Lun.	Devant le *Dam.*
13 Dim.	Devant le *Dam.*	29 Mar.	Devant le *Dam.*
14 Lun	Devant le *Dam.*	30 Mer.	Devant le *Dam.*
15 Mar.	En l'ost devant le *Dam.*	31 Jeu.	Devant le *Dam.*
16 Mer.	Devant le *Dam.*		

1385 — PAQUES, 2 avril.

SEPTEMBRE		OCTOBRE	
1 Ven.	*Erteveldc.*	1 Dim.	*Paris.*
2 Sam.	En l'ost à *Erteveldc.*	2 Lun.	*Paris.*
3 Dim.		3 Mar.	*Paris.*
4 Lun.		4 Mer.	*Paris.*
5 Mar.		5 Jeu.	*Vincennes.*
6 Mer.		6 Ven.	*Paris.*
7 Jeu.	*Erteveldc.*	7 Sam	*Paris.*
8 Ven.		8 Dim.	*Saint-Denys, Paris.*
9 Sam.		9 Lun.	*Vincennes.*
10 Dim.		10 Mar.	*Vincennes.*
11 Lun	*Astène.*	11 Mer.	*Vincennes, Paris.*
12 Mar.	*Grammenen.*	12 Jeu.	*Paris.*
13 Mer.		13 Ven.	*Paris.*
14 Jeu.	*Verwich.*	14 Sam.	*Paris, Melun.*
15 Ven.	*Lille.*	15 Dim.	*Paris.*
16 Sam.	*Lens.*	16 Lun.	*Vincennes.*
17 Dim.	*Arras.*	17 Mar.	*Vincennes.*
18 Lun.	*Arras.*	18 Mer.	*Vincennes, Paris.*
19 Mar.	*Arras.*	19 Jeu.	*Vincennes.*
20 Mer.	*Arras.*	20 Ven.	*Villeneuve-saint-Georges.*
21 Jeu.	*Bapaumes, Péronne.*	21 Sam	*Val-la-Reyne, Melun.*
22 Ven.	*Nesle, Noyon.*	22 Dim.	*Melun.*
23 Sam	*Compiègne.*	23 Lun.	*Melun.*
24 Dim.	*Pont-saint-Maxence.*	24 Mar.	*Melun.*
25 Lun.	*Creil.*	25 Mer.	*Blandis.*
26 Mar.	*Luzarches.*	26 Jeu.	*Dannemarie. Bray.*
27 Mer.	*Saint-Denys.*	27 Ven.	*La Motte-Tilloy.*
28 Jeu.	*Paris*, Saint-Denys.	28 Sam	*Marrigny.*
29 Ven.	*Paris.*	29 Dim.	*Au Grand-Pavillon, Troyes.*
30 Sam.	*Paris.*	30 Lun.	*Troyes.*
		31 Mar.	*Troyes.*

NOVEMBRE			
1 Mer.	*Troyes.*	18 Sam.	*Melun.*
2 Jeu.	*Troyes.*	19 Dim.	*Melun.*
3 Ven.	*Troyes.*	20 Lun	*Melun.*
4 Sam.	*Troyes.*	21 Mar	*Melun.*
5 Dim.	*Troyes.*	22 Mer.	*Lieusaint*, *Villeneuve-saint-Georges.*
6 Lun.	*Troyes.*		
7 Mar.	*Troyes.*	23 Jeu.	*Paris.*
8 Mer.	*Grand Pavillon, Marrigny.*	24 Ven.	*Paris.*
9 Jeu.	*Trainel.*	25 Sam.	Sainte Catherine à *Paris*, Vincennes.
10 Ven.	*Bray-sur-Seine.*		
11 Sam.	*Dannemarie, Nangis.*	26 Dim.	*Paris.*
12 Dim.	*Lady, Blandis.*	27 Lun	*Saint-Denys.*
13 Lun.	*Melun.*	28 Mar.	*Saint-Denys*, Louvre en Parisis.
14 Mar.	*Melun.*		
15 Mer.	*Melun.*	29 Mer.	*Senlis.*
16 Jeu.	*Melun.*	30 Jeu.	*Senlis.*
17 Ven.	*Melun.*		

1386 — PAQUES, 22 avril.

DÉCEMBRE		JANVIER	
1 Ven.		1 Lun.	
2 Sam.	*Paris.*	2 Mar.	
3 Dim.		3 Mer.	
4 Lun.		4 Jeu.	*L'isle-Adam.*
5 Mar.		5 Ven.	
6 Mer.	*Paris.*	6 Sam.	*Maubuisson.*
7 Jeu.		7 Dim.	
8 Ven.		8 Lun.	*Paris.*
9 Sam.	*Paris.*	9 Mar.	
10 Dim.		10 Mer.	
11 Lun.		11 Jeu.	*Paris.*
12 Mar.		12 Ven	
13 Mer.		13 Sam.	*Paris.*
14 Jeu.		14 Dim.	
15 Ven.	*Paris.*	15 Lun.	
16 Sam.	*Paris.*	16 Mar.	
17 Dim.		17 Mer.	
18 Lun.		18 Jeu.	
19 Mar.		19 Ven.	*Saint-Germain-en-Laye.*
20 Mer.	*Paris.*	20 Sam.	
21 Jeu.		21 Dim.	*Poissy.*
22 Ven.		22 Lun.	
23 Sam.		23 Mar.	
24 Dim.	*Senlis.*	24 Mer.	
25 Lun.		25 Jeu.	
26 Mar.	*Paris.*	26 Ven.	*Saint-Germain-en-Laye.*
27 Mer.		27 Sam.	
28 Jeu.	*Paris.*	28 Dim.	
29 Ven.		29 Lun.	*Paris.*
30 Sam.		30 Mar.	*Boulogne-la-Petite.*
31 Dim.	*Paris.*	31 Mer.	
			Boulogne, Louviers.

FÉVRIER

1 Jeu.		15 Jeu.	*Paris.*
2 Ven.	*Vincennes, Paris,* St-Pol.	16 Ven.	*Conflans.*
3 Sam.		17 Sam.	
4 Dim.	*Paris.*	18 Dim.	*Lainville, Mantes.*
5 Lun.		19 Lun.	*Mantes.*
6 Mar.	*Paris.*	20 Mar.	*Mantes.*
7 Mer.		21 Mer.	*Mantes.*
8 Jeu.		22 Jeu.	*Mantes.*
9 Ven.		23 Ven.	
10 Sam.	*Paris.*	24 Sam.	
11 Dim.	*Paris.*	25 Dim.	
12 Lun.		26 Lun.	
13 Mar.		27 Mar.	
14 Mer.	*Paris.*	28 Mer.	
		S. d.	*Boulogne, Louviers.*

1356. — PAQUES, 22 avril.

MARS		AVRIL	
1 Jeu.		1 Dim.	*Clermont-en-Beauvoisis.*
2 Ven.		2 Lun.	*Clermont-en-Beauvoisis.*
3 Sam.	*Bourgachart, Montfort.*	3 Mar.	
4 Dim.		4 Mer.	
5 Lun.		5 Jeu.	
6 Mar.	*Rouen.*	6 Ven.	*Paris.*
7 Mer.	*Rouen.*	7 Sam.	
8 Jeu.	*Aufay.*	8 Dim.	*Vincennes.*
9 Ven.		9 Lun.	
10 Sam.		10 Mar.	
11 Dim.	*Arques.*	11 Mer.	
12 Lun.	*Eu.*	12 Jeu.	
13 Mar.		13 Ven.	*Paris.*
14 Mer.	*Abbeville.*	14 Sam.	
15 Jeu.	*Abbevillle.*	15 Dim.	
16 Ven.	*Abbeville.*	16 Lun.	*Paris.*
17 Sam.	*Abbeville.*	17 Mar.	
18 Dim.		18 Mer.	*Paris.*
19 Lun.	*Montreuil-sur-Mer.*	19 Jeu.	*Paris.*
20 Mar.		20 Ven.	
21 Mer.	*Boulogne-sur-Mer.*	21 Sam.	*Paris.*
22 Jeu.		22 Dim.	Pâques.
23 Ven.		23 Lun.	
24 Sam.		24 Mar.	*Paris*, Vincennes.
25 Dim.	*Hesdin.*	25 Mer.	
26 Lun.		26 Jeu.	
27 Mar.		27 Ven.	
28 Mer.		28 Sam.	*Paris.*
29 Jeu.		29 Dim.	
30 Ven.		30 Lun.	*Paris.*
31 Sam.		S. d.	*Abbaye de Vaucelles.*

MAI			
1 Mar.	*Paris.*	17 Jeu.	
2 Mer.		18 Ven.	
3 Jeu.	*Paris.*	19 Sam.	
4 Ven.	*Paris.*	20 Dim.	
5 Sam.		21 Lun.	*Rouen.*
6 Dim.		22 Mar.	*Paris.*
7 Lun.		23 Mer.	
8 Mar.	*Paris.*	24 Jeu.	*Melun, Val-la-Reyne.*
9 Mer.		25 Ven.	*Melun.*
10 Jeu.	*Paris.*	26 Sam.	
11 Ven.	*Paris.*	27 Dim.	
12 Sam.	*Paris.*	28 Lun.	
13 Dim.		29 Mar.	*Paris.*
14 Lun.		30 Mer.	
15 Mar.	*Rouen.*	31 Jeu.	*Melun.*
16 Mer.			

1888 — PAQUES, 22 avril.

JUIN		JUILLET	
1 Ven.		1 Dim.	*Paris.*
2 Sam.		2 Lun.	
3 Dim.		3 Mar.	
4 Lun.		4 Mer.	
5 Mar.	*Vincennes.*	5 Jeu.	
6 Mer.		6 Ven.	
7 Jeu.		7 Sam.	*Paris, Plaisance.*
8 Ven.	*Paris.*	8 Dim.	
9 Sam.	*Paris.*	9 Lun.	
10 Dim.		10 Mar.	
11 Lun.		11 Mer.	
12 Mar.		12 Jeu.	
13 Mer.	*Paris.*	13 Ven.	
14 Jeu.		14 Sam.	*Paris.*
15 Ven.		15 Dim.	
16 Sam.		16 Lun.	
17 Dim.		17 Mar.	*Plaisance.*
18 Lun.	*Paris.*	18 Mer.	*Paris.*
19 Mar.	*Paris.*	19 Jeu.	
20 Mer.		20 Ven.	
21 Jeu.		21 Sam.	*Vincennes.*
22 Ven.	*Paris.*	22 Dim.	
23 Sam.	*Paris.*	23 Lun.	*Vincennes.*
24 Dim.		24 Mar.	
25 Lun.		25 Mer.	*Saint-Cloud.*
26 Mar.		26 Jeu.	
27 Mer.	*Saint-Germain-en-Laye.*	27 Ven.	*Paris.*
28 Jeu.		28 Sam.	
29 Ven.	*Saint-Germain-en-Laye.*	29 Dim.	
30 Sam.		30 Lun.	
		31 Mar.	

AOUT

1 Mer.		17 Ven.	
2 Jeu.	*Paris.*	18 Sam.	*Paris.*
3 Ven.		19 Dim.	*Vincennes.*
4 Sam.	*Paris.*	20 Lun.	
5 Dim.		21 Mar.	
6 Lun.		22 Mer.	
7 Mar.		23 Jeu.	
8 Mer.	*Paris.*	24 Ven.	
9 Jeu.	*Paris.*	25 Sam.	
10 Ven		26 Dim.	
11 Sam.	*Paris.*	27 Lun.	
12 Dim.		28 Mar.	*Paris.*
13 Lun.		29 Mer.	
14 Mar.		30 Jeu.	
15 Mer.		31 Ven.	
16 Jeu.			

1386 — PAQUES, 22 avril.

SEPTEMBRE		OCTOBRE	
1 Sam.		1 Lun.	
2 Dim.		2 Mar.	
3 Lun.		3 Mer.	*Lens-en-Artois.*
4 Mar.		4 Jeu.	
5 Mer.	*Paris.*	5 Ven.	
6 Jeu.	*Paris.*	6 Sam.	
7 Ven.	*Paris.*	7 Dim.	
8 Sam.	*Amiens.*	8 Lun.	
9 Dim.	*Amiens.*	9 Mar.	
10 Lun.	*Amiens.*	10 Mer.	
11 Mar.	*Amiens.*	11 Jeu.	
12 Mer.		12 Ven.	*Lille.*
13 Jeu.	*Amiens.*	13 Sam.	*Lille.*
14 Ven.		14 Dim.	
15 Sam.		15 Lun.	*Lille.*
16 Dim.	*Amiens.*	16 Mar.	*Lille.*
17 Lun.		17 Mer.	
18 Mar.		18 Jeu.	
19 Mer.	*Arras.*	19 Ven.	*Ypres.*
20 Jeu.		20 Sam.	
21 Ven.	*Arras.*	21 Dim	
22 Sam.	*Arras.*	22 Lun.	
23 Dim.		23 Mar.	
24 Lun.	*Arras.*	24 Mer.	
25 Mar.	*Arras.*	25 Jeu.	
26 Mer.	*Arras.*	26 Ven.	
27 Jeu.		27 Sam.	
28 Ven.	*Arras.*	28 Dim.	*Bruges.*
29 Sam.		29 Lun.	*Lécluse.*
30 Dim.		30 Mar.	
		31 Mer.	

NOVEMBRE			
1 Jeu.	*Léclusе.*	16 Ven.	*Léeluse-en-Flandre.*
2 Ven.		17 Sam.	
3 Sam.	*Léclusе.*	18 Dim.	
4 Dim.	*Léclusе.*	19 Lun.	
5 Lun.		20 Mar.	
6 Mar.		21 Mer.	
7 Mer.		22 Jeu.	
8 Jeu.		23 Ven.	
9 Ven.		24 Sam.	
10 Sam.		25 Dim.	
11 Dim.		26 Lun.	
12 Lun.		27 Mar.	*Arras.*
13 Mar.		28 Mer.	
14 Mer.		29 Jeu.	*Péronne.*
15 Jeu.		30 Ven.	

1387 — PAQUES, 7 avril.

DÉCEMBRE		JANVIER	
1 Sam.		1 Mar.	
2 Dim.		2 Mer.	*Paris.*
3 Lun		3 Jeu.	
4 Mar.		4 Ven.	
5 Mer.	*Paris.*	5 Sam.	*Paris*, Louvre.
6 Jeu.		6 Dim.	
7 Ven.	*Bois de Vincennes.*	7 Lun.	*Paris*, Louvre.
8 Sam.	*Paris.*	8 Mar.	*Paris*, Louvre.
9 Dim.	*Paris*, Louvre.	9 Mer.	*Paris*, Louvre.
10 Lun.	*Paris.*	10 Jeu.	*Paris*, Louvre.
11 Mar.	*Paris.*	11 Ven.	
12 Mer.		12 Sam.	*Paris*, Louvre.
13 Jeu.		13 Dim.	
14 Ven.	*Paris.*	14 Lun.	
15 Sam.	*Paris.*	15 Mar.	*Paris.*
16 Dim.	*Paris.*	16 Mer.	*Paris*, Louvre.
17 Lun.		17 Jeu.	*Paris*, Louvre.
18 Mar.	*Paris.*	18 Ven.	
19 Mer.		19 Sam.	*Paris*, Louvre.
20 Jeu.	*Paris.*	20 Dim.	*Bois de Vincennes.*
21 Ven.		21 Lun.	
22 Sam.		22 Mar	*Bois de Vincennes.*
23 Dim.	*Paris.*	23 Mer.	*Paris*, Louvre.
24 Lun.		24 Jeu.	*Paris.*
25 Mar.	*Paris.*	25 Ven.	*Paris.*
26 Mer.	*Paris.*	26 Sam.	*Paris.*
27 Jeu.		27 Dim.	*Paris.*
28 Ven.		28 Lun.	*Saint-Denis, Vincennes.*
29 Sam.		29 Mar.	*Saint-Denis.*
30 Dim.	*Paris.*	30 Mer.	*Paris.*
31 Lun.	*Paris.*	31 Jeu.	*Maubuisson.*

FÉVRIER

1 Ven.		15 Ven.	
2 Sam		16 Sam.	
3 Dim		17 Dim.	
4 Lun.		18 Lun.	
5 Mar.		19 Mar.	
6 Mer.		20 Mer.	
7 Jeu.	*Paris.*	21 Jeu.	
8 Ven.		22 Ven.	
9 Sam.		23 Sam.	
10 Dim.		24 Dim.	
11 Lun.		25 Lun	*Senlis.*
12 Mar.		26 Mer.	*Senlis.*
13 Mer.		27 Mer.	
14 Jeu	*Paris, Maubuisson.*	28 Jeu.	

1387 — PAQUES, 7 avril.

MARS		AVRIL	
1 Ven.		1 Lun.	
2 Sam.	*Paris.*	2 Mar.	*Vincennes.*
3 Dim.		3 Mer.	
4 Lun.	*Boissy le Châtel.*	4 Jeu.	*Paris.*
5 Mar		5 Ven.	*Paris.*
6 Mer.		6 Sam.	
7 Jeu.		7 Dim.	Pâques.
8 Ven.		8 Lun.	
9 Sam.		9 Mar.	*Vincennes.*
10 Dim.		10 Mer.	
11 Lun.		11 Jeu.	
12 Mar.		12 Ven.	
13 Mer.		13 Sam.	
14 Jeu.		14 Dim.	
15 Ven.		15 Lun.	
16 Sam.		16 Mar.	*Vincennes.*
17 Dim.		17 Mer.	*Compiègne.*
18 Lun.		18 Jeu.	
19 Mar.	*Ham en Vermandois.*	19 Ven.	
20 Mer.		20 Sam.	
21 Jeu.		21 Dim.	
22 Ven.	*Coucy.*	22 Lun.	*Senlis.*
23 Sam.	*Coucy.*	23 Mar.	
24 Dim.	*Saint Mars les Soissons.*	24 Mer.	*Compiègne.*
25 Lun.		25 Jeu.	
26 Mar.	*Paris.*	26 Ven.	
27 Mer.		27 Sam.	*Val la Reyne.*
28 Jeu.		28 Dim.	
29 Ven.		29 Lun.	
30 Sam.		30 Mar.	
31 Dim.			

MAI

1 Mer.		17 Ven.	*Clermont en Beauvoisis.*
2 Jeu.		18 Sam.	
3 Ven.		19 Dim.	*Beauvais.*
4 Sam		20 Lun.	
5 Dim.	*Compiègne.*	21 Mar.	
6 Lun.	*Compiègne.*	22 Mer.	*Beaumont-sur-Oise.*
7 Mar.		23 Jeu.	*Beaumont-sur-Oise.*
8 Mer.	*Compiègne.*	24 Ven.	
9 Jeu.	*Paris.*	25 Sam.	
10 Ven.		26 Dim.	
11 Sam.		27 Lun.	
12 Dim.		28 Mar.	
13 Lun.		29 Mer.	
14 Mar.	*Compiègne.*	30 Jeu.	
15 Mer.		31 Ven.	*Maubuisson.*
16 Jeu.	*Clermont en Beauvoisis.*		

1387 — PAQUES, 7 avril.

JUIN	
1 Sam.	
2 Dim.	
3 Lun	
4 Mar.	*Gisors.*
5 Mer.	*Mantes.*
6 Jeu.	*Gisors, Mantes.*
7 Ven.	
8 Sam.	*Gisors.*
9 Dim.	*Neaufle, Gisors.*
10 Lun.	*Gisors.*
11 Mar.	
12 Mer.	
13 Jeu.	
14 Ven.	
15 Sam.	
16 Dim.	
17 Lun.	
18 Mar.	
19 Mer.	
20 Jeu.	*Paris.*
21 Ven.	*Paris.*
22 Sam.	
23 Dim.	
24 Lun.	
25 Mar.	
26 Mer.	
27 Jeu.	
28 Ven.	*Paris.*
29 Sam.	*Gisors.*
30 Dim.	

JUILLET	
1 Lun.	
2 Mar.	*Pont de l'Arche.*
3 Mer.	
4 Jeu.	
5 Ven.	
6 Sam.	
7 Dim.	
8 Lun.	
9 Mar.	
10 Mer.	
11 Jeu.	*Rouen.*
12 Ven.	*Rouen.*
13 Sam.	*Rouen.*
14 Dim.	
15 Lun.	
16 Mar.	*Val de Rueil (Vaudreuil).*
17 Mer.	
18 Jeu.	
19 Ven.	
20 Sam.	
21 Dim.	*Val de Rueil.*
22 Lun.	
23 Mar.	
24 Mer.	
25 Jeu.	
26 Ven.	*Vau de Rieil.*
27 Sam.	
28 Dim.	
29 Lun.	
30 Mar.	*Vernon.*
31 Mer.	

AOUT	
1 Jeu.	
2 Ven.	
3 Sam.	*Vernon.*
4 Dim.	
5 Lun.	
6 Mar.	
7 Mer.	
8 Jeu.	
9 Ven.	Abbaye de *Bonport-lès-Pont-de-l'Arche.*
10 Sam.	
11 Dim.	
12 Lun.	
13 Mar.	
14 Mer.	Abbaye de *Bonport.*
15 Jeu.	Abbaye de *Bonport.*
16 Ven.	
17 Sam.	*Grange aux Merciers.*
18 Dim.	
19 Lun.	
20 Mar.	
21 Mer.	*Bellozanne.*
22 Jeu.	*Bellozanne.*
23 Ven.	*Bellozanne.*
24 Sam.	
25 Dim.	
26 Lun.	*Val la Reyne.*
27 Mar.	
28 Mer.	*Paris.*
29 Jeu.	*Gournay.*
30 Ven.	
31 Sam.	

1387 — PAQUES, 7 avril.

SEPTEMBRE		OCTOBRE	
1 Dim.		1 Mar.	
2 Lun.	*Bellosanne.*	2 Mer.	
3 Mar.	*Fontaine du Houx.*	3 Jeu.	
4 Mer.		4 Ven.	
5 Jeu.		5 Sam.	
6 Ven.		6 Dim.	*Beauvais.*
7 Sam.		7 Lun.	
8 Dim.		8 Mar.	
9 Lun.		9 Mer.	
10 Mar.		10 Jeu.	
11 Mer.		11 Ven.	
12 Jeu.		12 Sam.	
13 Ven.		13 Dim.	
14 Sam.		14 Lun.	
15 Dim.		15 Mar.	
16 Lun.		16 Mer.	
17 Mar.	*Savignies.*	17 Jeu.	
18 Mer.		18 Ven.	
19 Jeu.	*Beauvais.*	19 Sam.	
20 Ven.		20 Dim.	
21 Sam.		21 Lun.	
22 Dim.		22 Mar.	
23 Lun.	*Beauvais.*	23 Mer.	
24 Mar.		24 Jeu.	*Gisors.*
25 Mer.	*Beauvais.*	25 Ven.	*Gisors.*
26 Jeu.		26 Sam.	
27 Ven.		27 Dim.	
28 Sam.		28 Lun.	
29 Dim.		29 Mar.	
30 Lun.		30 Mer.	
		31 Jeu.	

NOVEMBRE

1 Ven.	*Beauvais.*	16 Sam.	
2 Sam.		17 Dim.	
3 Dim.		18 Lun.	
4 Lun.	*Beauvais.*	19 Mar.	
5 Mar.		20 Mer.	
6 Mer.	*Clermont en Beauvoisis.*	21 Jeu.	
7 Jeu.		22 Ven.	
8 Ven.		23 Sam.	
9 Sam.		24 Dim.	*Noyon.*
10 Dim.		25 Lun.	*Noyon.*
11 Lun.		26 Mar.	
12 Mar.	*Clermont.*	27 Mer.	
13 Mer.		28 Jeu.	*Noyon.*
14 Jeu.		29 Ven.	
15 Ven.		30 Sam.	

1388 — PAQUES, 29 mars.

DÉCEMBRE		JANVIER	
1 Dim.		1 Mer.	
2 Lun.		2 Jeu.	*Paris.*
3 Mar.		3 Ven.	*Saint-Marcel de Paris.*
4 Mer.		4 Sam.	*Paris*, Louvre.
5 Jeu.		5 Dim.	*Paris.*
6 Ven.		6 Lun.	
7 Sam.		7 Mar.	*Paris.*
8 Dim.		8 Mer.	*Paris*, Louvre.
9 Lun.	*Noyon.*	9 Jeu.	*Paris*, Louvre.
10 Mar.		10 Ven.	*Paris*, Louvre.
11 Mer.		11 Sam.	
12 Jeu.	*Compiègne.*	12 Dim.	Dîner à *Vincennes*, gîte à *Beauté-sur-Marne.*
13 Ven.			
14 Sam.		13 Lun.	
15 Dim.		14 Mar.	*Paris*, Louvre.
16 Lun.		15 Mer.	
17 Mar.		16 Jeu.	
18 Mer.		17 Ven.	
19 Jeu.	*Compiègne.*	18 Sam.	*Paris*, Louvre.
20 Ven.	*Compiègne.*	19 Dim.	
21 Sam.		20 Lun.	
22 Dim.		21 Mar.	
23 Lun.		22 Mer.	*Paris.*
24 Mar.		23 Jeu.	*Paris.*
25 Mer.		24 Ven.	*Paris.*
26 Jeu.		25 Sam.	
27 Ven.		26 Dim.	*Paris.*
28 Sam.		27 Lun.	Dîner au Louvre, gîte au bois.
29 Dim.	*Paris*, Louvre.	28 Mar.	Bois de *Vincennes.*
30 Lun.		29 Mer.	*Paris*, dîner à Vincennes, gîte au Louvre.
31 Mar.		30 Jeu.	
		31 Ven.	

FÉVRIER			
1 Sam	*Paris*, Louvre.	16 Dim.	Bois de *Vincennes.*
2 Dim.		17 Lun.	*Vincennes.*
3 Lun.	*Paris.*	18 Mar.	
4 Mar.	*Paris*, Louvre.	19 Mer.	
5 Mer.	*Paris*, Louvre.	20 Jeu.	*Melun.*
6 Jeu.		21 Ven.	*Melun.*
7 Ven.	*Paris*, Louvre.	22 Sam.	*Melun.*
8 Sam.		23 Dim.	*Melun.*
9 Dim.	*Paris*, Louvre.	24 Lun.	*Melun.*
10 Lun.	*Paris.*	25 Mar.	*Melun.*
11 Mar.		26 Mer.	*Melun.*
12 Mer.		27 Jeu.	*Melun.*
13 Jeu.	*Paris.*	28 Ven.	*Melun.*
14 Ven.		29 Sam.	*Melun.*
15 Sam.	*Paris.*		

1388 — PAQUES, 29 mars.

MARS		AVRIL	
1 Dim.	*Melun.*	1 Mer.	*Vincennes.*
2 Lun.		2 Jeu.	*Vincennes.*
3 Mar.		3 Ven.	*Etrépagny.*
4 Mer	Diner à *Bray-sur-Seine.*	4 Sam.	*Corbeil.*
5 Jeu.	Diner et gite à Montereau-faut-Yonne.	5 Dim.	*Corbeil.*
6 Ven.	Diner et gite à *Moret.*	6 Lun.	Diner à *Savigny-le-Temple*, gite à *Melun.*
7 Sam.		7 Mar.	
8 Dim.	Moret, Fontainebleau, Gite à Milly.	8 Mer.	
9 Lun.		9 Jeu.	Diner à Lorris. Gite à Montargis.
10 Mar.	*Milly.*	10 Ven.	Diner et gite à *Châteauneuf-sur-Loire.*
11 Mer.		11 Sam.	*Orléans.*
12 Jeu.		12 Dim.	*Orléans.*
13 Ven.	*Rochefort.*	13 Lun.	*Orléans.*
14 Sam.		14 Mar.	*Orléans.*
15 Dim.		15 Mer.	
16 Lun.	Diner à Chartres. Gite à Galardon.	16 Jeu.	*Orléans.*
17 Mar.	Diner et gite à Saint-Georges-sur-Ivelines.	17 Ven.	*Orléans.*
18 Mer.		18 Sam.	*Orléans.*
19 Jeu.		19 Dim.	
20 Ven.	Diner à Villeneuve-Saint-Georges. Gite à Vincennes.	20 Lun.	
21 Sam.		21 Mar.	*Orléans.*
22 Dim.	*Paris*, Louvre.	22 Mer.	*Orléans.*
23 Lun.	*Paris*, Louvre.	23 Jeu.	*Orléans.*
24 Mar.	*Paris*, Louvre.	24 Ven.	*Orléans.*
25 Mer.	*Paris.*	25 Sam.	*Orléans.*
26 Jeu.	*Paris.*	26 Dim.	*Orléans.*
27 Ven.	*Paris*, Louvre.	27 Lun.	*Orléans*, départ du roi.
28 Sam.		28 Mar.	
29 Dim.	*Paris*, Louvre.	29 Mer.	
30 Lun.	*Paris.*	30 Jeu.	*Montargis.*
31 Mar.	Diner à la Bastille, gite à Vincennes.		

MAI			
1 Ven.		17 Dim.	*Paris.*
2 Sam.		18 Lun.	Paris, diner au Louvre. Gite à Saint-Ouen.
3 Dim.		19 Mar.	*Saint-Ouen.*
4 Lun.	*Paris.*	20 Mer.	
5 Mar.		21 Jeu.	*Paris.*
6 Mer.		22 Ven.	*Paris.*
7 Jeu.		23 Sam.	*Paris.*
8 Ven.		24 Dim.	*Paris.*
9 Sam.	*Paris.*	25 Lun.	
10 Dim.	*Paris*, Louvre, *Corbeil.*	26 Mar.	*Paris*, Louvre.
11 Lun.	*Nemours.*	27 Mer.	*Paris*, Saint-Pol.
12 Mar.		28 Jeu	*Paris*, Saint-Pol.
13 Mer.	*Paris.*	29 Ven.	*Paris*, départ du roi.
14 Jeu.		30 Sam	
15 Ven.	*Paris.*	31 Dim.	*Saint-Ouen, Paris.*
16 Sam.	*Paris.*		

1388 — PAQUES, 29 mars.

JUIN		JUILLET	
1 Lun.	*Saint-Ouen.*	1 Mer.	
2 Mar.		2 Jeu.	*Paris.*
3 Mer.	*Paris.*	3 Ven.	*Paris.*
4 Jeu.		4 Sam.	*Paris*, Louvre.
5 Ven.		5 Dim.	
6 Sam.		6 Lun.	*Paris.* Bicêtre.
7 Dim.		7 Mar.	
8 Lun.		8 Mer.	
9 Mar.		9 Jeu.	
10 Mer.	*Paris.*	10 Ven.	
11 Jeu.		11 Sam.	
12 Ven.	*Paris.*	12 Dim.	*Paris.*
13 Sam.		13 Lun.	*Paris*, Saint-Pol.
14 Dim.		14 Mar.	
15 Lun.	*Paris.*	15 Mer.	
16 Mar.		16 Jeu.	*Paris.*
17 Mer.		17 Ven.	*Paris.*
18 Jeu.	*Paris*, Louvre.	18 Sam.	*Paris.*
19 Ven.	*Paris*, Louvre.	19 Dim.	
20 Sam.	*Paris.*	20 Lun.	*Paris.*
21 Dim.	*Paris.*	21 Mar.	
22 Lun.	*Paris.* Saint-Pol.	22 Mer.	*Paris.*
23 Mar.	*Paris*, Louvre.	23 Jeu.	*Paris.*
24 Mer.	*Paris.*	24 Ven.	
25 Jeu.	*Paris.*	25 Sam.	
26 Ven.	*Paris.*	26 Dim.	
27 Sam.		27 Lun.	*Saint-Germain-en-Laye.*
28 Dim.		28 Mar.	
29 Lun.		29 Mer.	*Paris.*
30 Mar.	*Paris*, Louvre.	30 Jeu.	
		31 Ven	*Villeneuve-Saint-Georges.*

AOUT			
1 Sam.		17 Lun.	*Montereau-fault-Yonne.*
2 Dim.		18 Mar.	*Montereau.*
3 Lun.		19 Mer	*Montereau-fault-Yonne.*
4 Mar.	*Montereau-fault-Yonne.*	20 Jeu.	*Montereau.*
5 Mer.		21 Ven.	
6 Jeu.		22 Sam	
7 Ven.		23 Dim.	
8 Sam.		24 Lun.	
9 Dim.		25 Mar.	
10 Lun.	*Montereau.*	26 Mer.	
11 Mar.		27 Jeu.	*Thibie.*
12 Mer.		28 Ven.	
13 Jeu.		29 Sam.	*Châlons.*
14 Ven.		30 Dim.	*Châlons.*
15 Sam.	*Montereau-fault-Yonne.*	31 Lun.	*Châlons.*
16 Dim.			

1388 — PAQUES, 29 mars.

SEPTEMBRE		OCTOBRE	
1 Mar.	*Châlons.*	1 Jeu.	
2 Mer.	*Chaalons en Champaigne.*	2 Ven.	*Corenzich.*
3 Jeu.		3 Sam.	En l'ost à *Corenzich.*
4 Ven.	*Châlons.*	4 Dim.	
5 Sam.		5 Lun	
6 Dim.		6 Mar.	
7 Lun.	*Busancay, Villiers* devant *Dun.*	7 Mer.	
8 Mar.	*Meussay-sur-Meuse.*	8 Jeu.	*Corenzich.*
9 Mer.	*Mouzay.*	9 Ven.	*Çorenzich.*
10 Jeu.		10 Sam.	In exercitu nostro in villa *Corenchich* in Almania.
11 Ven.		11 Dim.	
12 Sam.	*Bamlix.*	12 Lun.	*Corenzich.*
13 Dim.		13 Mar.	*Corenzich.*
14 Lun.		14 Mer.	*Corenzich*, en notre host.
15 Mar.		15 Jeu.	
16 Mer.		16 Ven.	
17 Jeu.		17 Sam.	
18 Ven.		18 Dim.	
19 Sam.		19 Lun.	
20 Dim.	*Fussenich.*	20 Mar.	
21 Lun.		21 Mer.	
22 Mar.	*Wollersheim.*	22 Jeu.	
23 Mer.	*Fussenich.*	23 Ven.	
24 Jeu.		24 Sam.	
25 Ven.		25 Dim.	
26 Sam.		26 Lun.	
27 Dim.	*Corenzich.*	27 Mar.	
28 Lun.		28 Mer.	
29 Mar.		29 Jeu.	
30 Mer.	*Corenzich.*	30 Ven.	
		31 Sam.	*Reims.*

NOVEMBRE			
1 Dim.		16 Lun	
2 Lun.	*Reims.*	17 Mar.	
3 Mar.		18 Mer.	
4 Mer.		19 Jeu.	
5 Jeu.		20 Ven.	
6 Ven.		21 Sam.	
7 Sam.		22 Dim.	
8 Dim.		23 Lun.	*Paris.*
9 Lun.		24 Mar.	*Paris.*
10 Mar.		25 Mer.	
11 Mer.		26 Jeu.	*Paris.*
12 Jeu.	*Chatel-du-Louvre.*	27 Ven.	*Garches-lès-saint-Cloud.*
13 Ven.	*Paris*, Louvre.	28 Sam.	
14 Sam.		29 Dim.	
15 Dim.		30 Lun.	

1389 — PAQUES, 8 avril.

DÉCEMBRE		JANVIER	
1 Mar.		1 Ven.	
2 Mer.	*Maubuisson.*	2 Sam.	
3 Jeu.		3 Dim	
4 Ven.	*Maubuisson.*	4 Lun.	*Paris*, Louvre.
5 Sam.		5 Mar.	*Paris.*
6 Dim.	*Maubuisson.*	6 Mer.	
7 Lun.		7 Jeu.	
8 Mar.		8 Ven.	*Paris.*
9 Mer.	*Maubuisson.*	9 Sam.	
10 Jeu.		10 Dim.	
11 Ven.		11 Lun.	*Paris.*
12 Sam.		12 Mar.	
13 Dim.		13 Mer.	*Paris.*
14 Lun.		14 Jeu.	
15 Mar.	*Paris.*	15 Ven.	*Paris.*
16 Mer.		16 Sam.	
17 Jeu.		17 Dim.	*Paris.*
18 Ven.		18 Lun.	*Paris*, Louvre.
19 Sam.	*Paris.*	19 Mar.	*Paris.*
20 Dim.		20 Mer.	*Paris*, Saint-Pol.
21 Lun.		21 Jeu.	
22 Mar.		22 Ven.	
23 Mer.		23 Sam.	
42 Jeu.		24 Dim.	
25 Ven.		25 Lun.	
26 Dim.	*Paris.*	26 Mar.	
28 Lun.	*Paris, Saint-Germain.*	27 Mer.	
29 Mar.		28 Jeu.	
30 Mer.		29 Ven.	
31 Jeu.	*Paris.*	30 Sam.	
		31 Dim.	

FÉVRIER			
1 Lun.	*Paris.*	15 Lun.	*Paris*, Louvre.
2 Mar.		16 Mar.	*Paris*, Louvre.
3 Mer.	*Paris.*	17 Mer.	
4 Jeu.	*Paris.*	18 Jeu.	
5 Ven.	*Paris*, Louvre.	19 Ven.	
6 Sam.	*Paris.*	20 Sam.	
7 Dim.	*Paris.*	21 Dim	
8 Lun.		22 Lun	*Paris.*
9 Mar.		23 Mar.	
10 Mer.	*Paris.*	24 Mer.	
11 Jeu.	*Paris.*	25 Jeu.	
12 Ven.		26 Ven.	
13 Sam.	*Paris.*	27 Sam.	
14 Dim.		28 Dim.	*Vernon.*

1389. — PAQUES, 18 avril.

MARS

1 Lun.	*Vernon.*
2 Mar.	*Vernon.*
3 Mer.	*Mantes.*
4 Jeu.	
5 Ven.	*Paris.*
6 Sam.	*Paris.*
7 Dim.	
8 Lun.	
9 Mar.	
10 Mer.	
11 Jeu.	*Vernon.*
12 Ven.	
13 Sam.	*Evreux.*
14 Dim.	*Evreux.*
15 Lun.	*Neufbourg.*
16 Mar.	
17 Mer.	*Montfort.*
18 Jeu.	A la grant *Coronne.*
19 Ven.	
20 Sam.	
21 Dim.	
22 Lun.	
23 Mar.	*Rouen.*
24 Mer.	
25 Jeu.	
26 Ven.	*Rouen.*
27 Sam.	
28 Dim.	
29 Lun.	
30 Mar.	*Rouen.*
31 Mer.	

AVRIL

1 Jeu.	
2 Ven.	*Etrepagny.*
3 Sam.	*Gisors.*
4 Dim.	*Gisors.*
5 Lun.	
6 Mar.	
7 Mer.	
8 Jeu.	
9 Ven.	
10 Sam.	
11 Dim.	
12 Lun.	*Chantilly-vers-Senlis.*
13 Mar.	
14 Mer.	*Paris*, Saint-Pol.
15 Jeu.	*Paris.*
16 Ven.	*Paris.*
17 Sam.	*Paris.*
18 Dim.	Pâques.
19 Lun.	*Paris.*
20 Mar.	*Paris.*
21 Mer.	
22 Jeu	
23 Ven.	*Paris.*
24 Sam.	*Paris.*
25 Dim.	
26 Lun.	
27 Mar.	
28 Mer.	
29 Jeu.	*Paris.*
30 Ven.	

MAI

1 Sam	*Paris.*
2 Dim.	
3 Lun.	
4 Mar.	*Paris.*
5 Mer.	
6 Jeu.	
7 Ven.	*Paris.*
8 Sam.	
9 Dim.	*Paris.*
10 Lun.	*Paris.*
11 Mar.	*Paris.*
12 Mer.	*Paris.*
13 Jeu.	
14 Ven.	*Paris.*
15 Sam.	*Paris.*
16 Dim.	*Paris.*
17 Lun.	*Paris.*
18 Mar.	*Paris.*
19 Mer.	*Paris.*
20 Jeu.	*Paris*, Saint-Pol, *St-Ouen.*
21 Ven.	*Paris.*
22 Sam.	*Paris.*
23 Dim.	*Paris.*
24 Lun.	*Paris.*
25 Mar.	*Paris.*
26 Mer.	*Paris.*
27 Jeu.	*Paris.*
28 Ven.	*Paris, Saint-Ouen.*
29 Sam.	*Paris.*
30 Dim.	*Conflans.*
31 Lun.	*Conflans, Paris.*

1389 — PAQUES, 18 avril.

JUIN		JUILLET	
1 Mar.	*La Beaudoire.*	1 Jeu.	*Paris.*
2 Mer.	*Paris.*	2 Ven.	
3 Jeu.	*Paris.*	3 Sam.	*Paris.*
4 Ven.	*Paris.*	4 Dim.	
5 Sam.		5 Lun.	*Paris.*
6 Dim.	*Paris.*	6 Mar.	*Paris.*
7 Lun.		7 Mer.	*Paris.*
8 Mar.	*Paris.*	8 Jeu.	
9 Mer.		9 Ven.	*Paris.*
10 Jeu.		10 Sam.	*Paris.*
11 Ven.		11 Dim.	*Paris*, Saint-Pol.
12 Sam.	*Saint-Victor-lès-Paris.*	12 Lun.	
13 Dim.		13 Mar.	*Paris.*
14 Lun.	*Paris, Saint-Ouen.*	14 Mer.	*Paris.*
15 Mar.		15 Jeu.	*Paris.*
16 Mer.		16 Ven.	*Paris*, Saint-Pol.
17 Jeu.	*Senlis.*	17 Sam.	
18 Ven.		18 Dim.	*Paris.*
19 Sam.	*Paris.*	19 Lun.	
20 Dim.	*Mantes.*	20 Mar.	
21 Lun.		21 Mer.	*Paris, Corbeil.*
22 Mar.		22 Jeu.	*Melun.*
23 Mer.	*Paris.*	23 Ven.	*Melun.*
24 Jeu.	*Chartres.*	24 Sam.	
25 Ven.	*Chartres.*	25 Dim.	*Melun.*
26 Sam.	*Dreux.*	26 Lun.	*Melun.*
27 Dim.		27 Mar.	
28 Lun.		28 Mer.	
29 Mar.	*Paris.*	29 Jeu.	*Melun.*
30 Mer.	*Paris*, conseil.	30 Ven.	*Melun.*
		31 Sam.	*Melun.*

AOUT

1 Dim.	Diner à *Melun*. Gîte à Beauté.	17 Mar.	*Melun.*
2 Lun.	*Milly.*	18 Mer.	*Melun.*
3 Mar.	*Milly.*	19 Jeu.	*Melun.*
4 Mer.	*Fontainebleau, Moret.*	20 Ven.	*Melun.*
5 Jeu.	*Moret. Fontainebleau.*	21 Sam.	
6 Ven	*Moret, Melun.*	22 Dim.	*Paris.*
7 Sam.	*Paris*, Louvre.	23 Lun.	*Paris.*
8 Dim.	*Paris.*	24 Mar.	
9 Lun.	*Paris*, Louvre.	25 Mer.	*Paris.*
10 Mar.	*Paris, Corbeil, Moret.*	26 Jeu.	*Paris.*
11 Mer.	*Paris.*	27 Ven.	
12 Jeu.		28 Sam.	*Melun, Paris.*
13 Ven.	*Paris.*	29 Dim.	*Paris.*
14 Sam.		30 Lun.	*Paris.*
15 Dim.	*Paris*, Louvre.	31 Mar.	*Paris.*
16 Lun.	*Corbeil.*		

1889 — PAQUES, 18 avril.

SEPTEMBRE		OCTOBRE	
1 Mer.	*Paris*, Louvre.	1 Ven.	*Nevers.*
2 Jeu.	*Paris. Vincennes.*	2 Sam.	
3 Ven.	*Vincennes*, *Villeneuve-Saint-Georges.*	3 Dim.	*Nevers.*
4 Sam.	*Melun.*	4 Lun.	*Saint-Pierre-le-Moustier.*
5 Dim.		5 Mar.	*Villeneuve.*
6 Lun.	*Melun.*	6 Mer.	
7 Mar.	*Melun.*	7 Jeu.	
8 Mer.		8 Ven.	*Moulins.*
9 Jeu.	*Melun.*	9 Sam.	*Moulins.*
10 Ven.	*Melun.*	10 Dim.	*Paray-le-Monial, Charolles.*
11 Sam.	*Melun.*	11 Lun.	Abbaye de *Cluni.*
12 Dim.	*Melun.*	12 Mar.	Abbaye de *Cluni.*
13 Lun.	*Melun.*	13 Mer.	Abbaye de *Cluni.*
14 Mar.	*Nemours.*	14 Jeu.	Entrée à *Mâcon.*
15 Mer.	*Montargis.*	15 Ven.	
16 Jeu.	*Montargis.*	16 Sam.	
17 Ven	*Montargis.*	17 Dim.	*Lyon.*
18 Sam.	*Montargis.*	18 Lun.	*Lyon.*
19 Dim.	*Montargis.*	19 Mar.	*Lyon.*
20 Lun.	*Châtillon-sur-Loing.*	20 Mer.	*Lyon.*
21 Mar.	*Bonny.*	21 Jeu.	*Vienne.*
22 Mer.	*Cosne-sur-Loire.*	22 Ven.	
23 Jeu.	*La Charité-sur-Loire.*	23 Sam.	*Romans.*
24 Ven.	*La Charité-sur-Loire.*	24 Dim.	*Romans.*
25 Sam.	*Nevers.*	25 Lun.	
26 Dim.	*Nevers.*	26 Mar.	*Montélimar.*
27 Lun.	*Nevers.*	27 Mer.	*Pont-saint-Esprit.*
28 Mar.	*Nevers.*	28 Jeu.	*Pont-saint-Esprit.*
29 Mer.		29 Ven.	
30 Jeu.		30 Sam.	*Roquemaure.*
		31 Dim.	*Avignon.*

NOVEMBRE

1 Lun.	*Avignon.*	16 Mar.	*Montpellier.*
2 Mar.		17 Mer.	*Montpellier.*
3 Mer.	*Avignon.*	18 Jeu.	*Montpellier.*
4 Jeu.		19 Ven.	*Montpellier.*
5 Ven.	*Villeneuve-lès-Avignon.*	20 Sam.	*Béziers.*
6 Sam.	*Avignon.*	21 Dim.	*Béziers*, [départ].
7 Dim.	*Beaucaire.*	22 Lun	
8 Lun.	*Beaucaire.*	23 Mar.	*Narbonne.*
9 Mar.		24 Mer.	*Narbonne.*
10 Mer.		25 Jeu.	
11 Jeu.		26 Ven.	*Carcassonne.*
12 Ven.		27 Sam.	
13 Sam.	*Nîmes.*	28 Dim.	
14 Dim.		29 Lun.	*Toulouse.*
15 Lun.	*Montpellier.*	30 Mar.	*Toulouse.*

1890 — PAQUES. 3 avril.

DÉCEMBRE		JANVIER	
1 Mer.		1 Sam	
2 Jeu.	*Toulouse.*	2 Dim.	*Toulouse.*
3 Ven.		3 Lun.	*Toulouse.*
4 Sam.	*Toulouse.*	4 Mar.	*Toulouse.*
5 Dim.		5 Mer.	
6 Lun.		6 Jeu.	*Toulouse.*
7 Mar.	*Toulouse.*	7 Ven.	Départ de *Toulouse.*
8 Mer.	*Toulouse.*	8 Sam.	
9 Jeu.		9 Dim.	
10 Ven.		10 Lun.	*Mazères.*
11 Sam.	*Toulouse.*	11 Mar.	
12 Dim.		12 Mer.	Diner à *Gens*, gîte à *Carcassonne.*
13 Lun.			
14 Mar.		13 Jeu.	
15 Mer.		14 Ven.	
16. Jeu.	*Toulouse.*	15 Sam.	
17 Ven.		16 Dim.	
18 Sam.		17 Lun.	*Narbonne.*
19 Dim	*Toulouse.*	18 Mar.	*Narbonne, Béziers.*
20 Lun.		19 Mer.	
21 Mar.		20 Jeu.	*Béziers.*
22 Mer.	*Toulouse.*	21 Ven.	*Montpellier.*
23 Jeu.	*Toulouse.*	22 Sam.	
24 Ven.	*Toulouse.*	23 Dim.	*Montpellier.*
25 Sam.	*Toulouse.*	24 Lun.	*Montpellier, Lunel.*
26 Dim.	*Toulouse.*	25 Mar.	*Nîmes.*
27 Lun.	*Toulouse.*	26 Mer.	*Nîmes.*
28 Mar.	*Toulouse.*	27 Jeu.	
29 Mer.		28 Ven.	*Avignon.*
30 Jeu.		29 Sam.	
31 Ven.	*Toulouse.*	30 Dim.	*Avignon.*
		31 Lun.	

FÉVRIER			
1 Mar.		15 Mar.	*Dijon.*
2 Mer.		16 Mer.	*Dijon.*
3 Jeu.		17 Jeu.	*Dijon, Chanceaux.*
4 Ven.		18 Ven.	*Chanceaux. Villaines.*
5 Sam.		19 Sam.	*Villaines, Bunsy, Châtillon*
6 Dim.	*Lyon-sur-le-Rosne.*	20 Dim.	*Châtillon. Mussy.*
7 Lun.	*Lyon.*	21 Lun.	*Gyé-sur-Seine.*
8 Mar.	*Lyon.*	22 Mar.	
9 Mer.		23 Mer.	*Paris.*
10 Jeu.	*Mâcon.*	24 Jeu.	*Paris.*
11 Ven.	*Tournus, Châlon.*	25 Ven.	*Paris.*
12 Sam.	*Châlon, Germolles, Beaune.*	26 Sam.	
13 Dim.	*Beaune, Nuits, Dijon.*	27 Dim.	
14 Lun.	*Dijon.*	28 Lun.	*Paris.*

1390 — PAQUES, 3 avril.

MARS		AVRIL	
1 Mar.	*Paris.*	1 Ven.	*Paris.*
2 Mer.	*Paris.*	2 Sam.	*Paris.*
3 Jeu.	*Paris.*	3 Dim.	Pâques.
4 Ven	*Paris.*	4 Lun.	
5 Sam.		5 Mar.	*Paris.*
6 Dim.		6 Mer.	
7 Lun.		7 Jeu.	*Paris.*
8 Mar.		8 Ven.	
9 Mer.		9 Sam.	
10 Jeu.	*Paris.*	10 Dim.	*Saint-Germain-en-Laye.*
11 Ven.	*Paris.*	11 Lun.	*Saint-Germain-en-Laye.*
12 Sam.	*Paris.* Saint-Pol.	12 Mar.	*Saint-Germain.*
13 Dim.	*Paris.*	13 Mer.	
14 Lun.	*Conflans-lès-Paris.*	14 Jeu.	*Paris.*
15 Mar.	*Paris.*	15 Ven.	*Paris.*
16 Mer.		16 Sam.	*Paris.*
17 Jeu.	*Paris.*	17 Dim.	
18 Ven.	*Paris.*	18 Lun.	
19 Sam.	*Paris.*	19 Mar.	
20 Dim.		20 Mer.	
21 Lun.		21 Jeu.	
22 Mar.	*Paris.*	22 Ven.	
23 Mer.	*Paris,* Saint-Pol.	23 Sam.	
24 Jeu.		24 Dim.	
25 Ven.		25 Lun.	
26 Sam.	*Paris,* Saint-Pol.	26 Mar.	
27 Dim.	*Paris.*	27 Mer.	*Paris.*
28 Lun.	*Paris.*	28 Jeu.	*Paris.*
29 Mar.		29 Ven.	
30 Mer.	*Paris.*	30 Sam.	Diner à *Saint-Pol,* gîte à *Vincennes.*
31 Jeu.			

MAI			
1 Dim.	*Paris.*	17 Mar.	
2 Lun.	*Paris.*	18 Mer.	Diner à *Luzarches,* gîte à *Senlis.*
3 Mar.	*Paris.*		
4 Mer.		19 Jeu.	
5 Jeu.		20 Ven.	*Senlis.*
6 Ven.		21 Sam.	*Senlis.*
7 Sam.		22 Dim.	
8 Dim.		23 Lun.	
9 Lun.		24 Mar.	
10 Mar.	*Paris.*	25 Mer.	
11 Mer.	*Paris.*	26 Jeu	
12 Jeu.		27 Ven.	
13 Ven.	*Paris*	28 Sam.	
14 Sam.		29 Dim.	
15 Dim.	*Paris.*	30 Lun.	*Paris.*
16 Lun.	*Paris.*	31 Mar.	*Paris.*

1890 — PAQUES, 3 avril.

JUIN		JUILLET	
1 Mer.		1 Ven.	*Paris.*
2 Jeu.		2 Sam.	
3 Ven.	*Paris*, Saint-Pol.	3 Dim.	
4 Sam.	*Paris.*	4 Lun.	
5 Dim.	*Paris.*	5 Mar.	
6 Lun.	*Paris.*	6 Mer.	*Paris.*
7 Mar.	*Paris.*	7 Jeu.	
8 Mer.		8 Ven.	
9 Jeu.		9 Sam.	*Paris.*
10 Ven.		10 Dim.	
11 Sam.	*Paris*, Saint-Pol	11 Lun.	*Villiers-sous-Neaufle.*
12 Dim.		12 Mar.	*Paris.*
13 Lun.	*Paris.*	13 Mer.	
14 Mar.		14 Jeu.	*Paris.*
15 Mer.		15 Ven.	*Paris.*
16 Jeu.		16 Sam.	
17 Ven.	*Paris.*	17 Dim.	
18 Sam.		18 Lun.	*Paris.*
19 Dim.		19 Mar.	*Paris.*
20 Lun.		20 Mer.	
21 Mar.	*Paris*, Saint-Pol.	21 Jeu.	
22 Mer.		22 Ven.	*Paris.*
23 Jeu.	*Paris.*	23 Sam.	*Paris.*
24 Ven.		24 Dim.	*Paris.*
25 Sam.	*Paris.*	25 Lun.	
26 Dim.	*Paris.*	26 Mar.	
27 Lun.		27 Mer.	*Paris.*
28 Mar.	*Paris.*	28 Jeu.	*Paris.*
29 Mer.	*Paris.*	29 Ven.	
30 Jeu.	*Paris.*	30 Sam.	*Paris.*
		31 Dim.	

AOUT			
1 Lun.	*Saint-Germain-en-Laye.*	17 Mer.	*Saint-Germain-en-Laye.*
2 Mar.	*Saint-Germain-en-Laye.*	18 Jeu.	*Saint-Germain-en-Laye.*
3 Mer.	*Saint-Germain-en-Laye.*	19 Ven.	*Paris.*
4 Jeu.	*Saint-Germain.*	20 Sam.	
5 Ven.	*Paris.*	21 Dim.	
6 Sam.		22 Lun.	
7 Dim.		23 Mar.	
8 Lun.		24 Mer.	
9 Mar.		25 Jeu.	*Paris.*
10 Mer.		26 Ven.	
11 Jeu.	*Villiers-sous-Neaufle.*	27 Sam.	*Paris.*
12 Ven.	*Villiers-sous-Neaufle.*	28 Dim.	
13 Sam.		29 Lun.	
14 Dim.	*Saint-Germain-en-Laye.*	30 Mar.	
15 Lun.		31 Mer.	
16 Mar.			

1390 — PAQUES, 3 avril.

SEPTEMBRE		OCTOBRE	
1 Jeu.	*Paris, Compiègne.*	1 Sam.	
2 Ven.	*Paris.*	2 Dim	
3 Sam.		3 Lun.	*Gisors.*
4 Dim.		4 Mar.	
5 Lun.		5 Mer.	*Paris.*
6 Mar.	*Paris.*	6 Jeu.	
7 Mer.	*Compiègne.*	7 Ven.	
8 Jeu.		8 Sam.	
9 Ven		9 Dim.	*Paris.*
10 Sam.	*Paris.*	10 Lun.	
11 Dim.		11 Mar.	
12 Lun.	*Compiègne.*	12 Mer.	*Paris.*
13 Mar.	*Beaumont-sur-Oise.*	13 Jeu.	
14 Mer.		14 Ven.	
15 Jeu.		15 Sam.	*Paris.*
16 Ven.	*Saint-Denis.*	16 Dim.	
17 Sam.	*Saint-Denis.*	17 Lun.	*Saint-Denis.*
18 Dim.	*Saint-Denis.*	18 Mar.	*Paris.*
19 Lun.		19 Mer.	
20 Mar		20 Jeu.	*Paris*, Saint-Pol.
21 Mer.		21 Ven.	
22 Jeu.	*Paris.*	22 Sam.	
23 Ven.		23 Dim.	*Asnières.*
24 Sam.		24 Lun.	*Paris.*
25 Dim.		25 Mar.	
26 Lun.		26 Mer.	
27 Mar.		27 Jeu.	
28 Mer.	*Paris.*	28 Ven.	
29 Jeu.	*Paris.*	29 Sam.	*Beauvais.*
30 Ven.	*Paris.*	30 Dim	
		31 Lun.	*Beauvais.*

NOVEMBRE			
1 Mar.	*Beauvais.*	16 Mer.	*Melun.*
2 Mer.	*Beauvais.*	17 Jeu.	*Melun.*
3 Jeu.	*Beauvais.*	18 Ven.	*Melun.*
4 Ven.		19 Sam.	*Melun.*
5 Sam.		20 Dim.	*Melun.*
6 Dim.		21 Lun.	*Melun.*
7 Lun.	*Beauvais.*	22 Mar.	*Melun.*
8 Mar.		23 Mer.	*Melun.*
9 Mer.		24 Jeu.	*Melun.*
10 Jeu.		25 Ven.	*Melun.*
11 Ven.	*Paris.*	26 Sam.	*Sermaise.*
12 Sam.	*Paris.*	27 Dim.	*Sermaise.*
13 Dim.		28 Lun.	
14 Lun.	*Paris.*	29 Mar.	*Sermaise.*
15 Mar.	*Melun.*	30 Mer.	*Melun, Paris.*

1391 — PAQUES, 26 mars.

DÉCEMBRE		JANVIER	
1 Jeu.	*Melun, Samois.*	1 Dim.	
2 Ven.	*Melun, Samois.*	2 Lun.	*Paris.*
3 Sam.	*Melun, Samois.*	3 Mar.	*Paris.*
4 Dim.	*Melun, Samois.*	4 Mer.	*Paris*, Saint-Pol.
5 Lun.	*Paris.*	5 Jeu.	*Paris.*
6 Mar.	*Paris.*	6 Ven.	
7 Mer.		7 Sam.	
8 Jeu.	*Paris.*	8 Dim.	
9 Ven.	*Paris.*	9 Lun.	
10 Sam.	*Paris.*	10 Mar.	*Paris.*
11 Dim.		11 Mer.	
12 Lun.		12 Jeu.	*Paris.*
13 Mar.		13 Ven.	
14 Mer.	*Paris.*	14 Sam.	*Paris.*
15 Jeu.		15 Dim.	
16 Ven.		16 Lun.	
17 Sam		17 Mar.	*Paris.*
18 Dim.		18 Mer.	
19 Lun.	*Paris.*	19 Jeu.	
20 Mar.		20 Ven.	
21 Mer.	*Paris.*	21 Sam.	
22 Jeu.		22 Dim.	*Melun.*
23 Ven.		23 Lun.	*Melu .*
24 Sam.	*Senlis.*	24 Mar.	*Melun.*
25 Dim.		25 Mer.	*Melun.*
26 Lun.		26 Jeu.	
27 Mar.		27 Ven.	
28 Mer.	*Par..*	28 Sam.	*Paris.*
29 Jeu.		29 Dim.	
30 Ven.		30 Lun.	*Paris.*
31 Sam.	*Paris*, Saint-Pol.		

FÉVRIER			
1 Mar.	*Paris.*	16 Mer.	
2 Mer.	*Vincennes.*	17 Jeu.	*Paris.*
3 Jeu.	*Paris.*	18 Ven.	*Paris.*
4 Ven.		19 Sam.	
5 Sam.		20 Dim.	*Paris.*
6 Dim.	*Saint-Denis.*	21 Lun.	
7 Lun.	*Paris.*	22 Mar.	*Paris, Melun.*
8 Mar.		23 Mer.	*Paris.*
9 Mer.		24 Jeu.	
10 Jeu.		25 Ven.	*Paris*, Louvre.
11 Ven.	*Paris.*	26 Sam.	
12 Sam.		27 Dim.	
13 Dim.	*Paris.*	28 Lun.	
14 Lun.		29 Mar.	
15 Mar.			

1391. — PAQUES, 26 mars.

MARS		AVRIL	
1 Mer.		1 Sam.	*Paris.*
2 Jeu.		2 Dim.	
3 Ven.		3 Lun.	
4 Sam.	*Melun.*	4 Mar.	*Senlis.*
5 Dim.		5 Mer.	
6 Lun.	*Paris.*	6 Jeu.	
7 Mar.	*Corbeil.*	7 Ven.	*Paris.*
8 Mer	*Corbeil.*	8 Sam.	*Paris.*
9 Jeu.	*Corbeil.*	9 Dim.	
10 Ven.	*Corbeil.*	10 Lun.	*Paris.*
11 Sam.	*Corbeil.*	11 Mar.	*Paris.*
12 Dim.	*Corbeil.*	12 Mer.	
13 Lun.	*Paris.*	13 Jeu.	*Paris.*
14 Mar.		14 Ven.	
15 Mer.		15 Sam.	
16 Jeu.		16 Dim.	*Paris.*
17 Ven.	*Compiègne, Paris.*	17 Lun.	*Paris.*
18 Sam.	*Paris.*	18 Mar.	*Beauté-sur-Marne.*
19 Dim.		19 Mer.	*Beauté.*
20 Lun.	*Paris.*	20 Jeu.	
21 Mar.		21 Ven.	*Beauté-sur-Marne.*
22 Mer.	*Paris.*	22 Sam.	
23 Jeu.		23 Dim.	*Paris.*
24 Ven.	*Paris.*	24 Lun.	
25 Sam.	*Paris.*	25 Mar.	
26 Dim	Pâques.	26 Mer.	
27 Lun	*Paris.*	27 Jeu.	
28 Mar.	*Paris.*	28 Ven.	
29 Mer.	*Paris.*	29 Sam.	
30 Jeu.	*Paris.*	30 Dim.	
31 Ven.	*Paris.*		

MAI			
1 Lun.		17 Mer.	
2 Mar.		18 Jeu.	
3 Mer.		19 Ven.	
4 Jeu.		20 Sam.	*Argentan.*
5 Ven.		21 Dim.	
6 Sam.		22 Lun.	*Gisors.*
7 Dim.		23 Mar.	
8 Lun.	*Paris.*	24 Mer.	
9 Mar.		25 Jeu.	*Gisors.*
10 Mer.	*Compiègne.*	26 Ven.	
11 Jeu.	*Compiègne.*	27 Sam.	
12 Ven.		28 Dim.	
13 Sam.		27 Lun.	
14 Dim.		30 Mar.	
15 Lun.		31 Mer.	
16 Mar.			

1391 — PAQUES, 26 mars.

JUIN		JUILLET	
1 Jeu.		1 Sam.	
2 Ven.	*Harfleur.*	2 Dim.	*Paris.*
3 Sam.		3 Lun.	*Paris*, Louvre.
4 Dim.		4 Mar.	
5 Lun.		5 Mer.	*Paris.*
6 Mar.		6 Jeu.	*Paris.*
7 Mer.		7 Ven.	*Paris.*
8 Jeu.		8 Sam.	*Paris.*
9 Ven.		9 Dim.	*Paris.*
10 Sam.		10 Lun.	
11 Dim.		11 Mar.	
12 Lun.	*Paris.*	12 Mer	
13 Mar.	*Paris.*	13 Jeu.	*Paris.*
14 Mer.		14 Ven	*Paris.*
15 Jeu.	*Paris.*	15 Sam.	
16 Ven.	*Paris.*	16 Dim.	
17 Sam.	*Paris.*	17 Lun.	
18 Dim.		18 Mar.	
19 Lun		19 Mer.	
20 Mar.	*Paris*	20 Jeu.	
21 Mer.	*Paris.*	21 Ven.	
22 Jeu.		22 Sam.	*Paris.*
23 Ven.		23 Dim.	
24 Sam.	*Louvre-lès-Paris.*	24 Lun.	
25 Dim.	*Paris.*	25 Mar.	
26 Lun.	*Paris*, Louvre.	26 Mer.	
27 Mar.		27 Jeu.	
28 Mer.	*Paris.*	28 Ven.	
29 Jeu.	*Paris.*	29 Sam.	*Senlis.*
30 Ven.		30 Dim.	*Senlis.*
		31 Lun.	*Senlis.*

AOUT			
1 Mar.	*Senlis.*	17 Jeu.	*Paris.*
2 Mer.	*Senlis.*	18 Ven.	*Paris*, Saint-Pol.
3 Jeu.	*Senlis.*	19 Sam.	*Paris.*
4 Ven.	*Senlis.*	20 Dim.	*Paris*, Saint-Pol.
5 Sam.		21 Lun.	
6 Dim		22 Mar.	
7 Lun.		23 Mer.	*Paris.*
8 Mar.		24 Jeu.	
9 Mer.		25 Ven.	*Paris.*
10 Jeu.		26 Sam.	
11 Ven.	*Paris.*	27 Dim.	
12 Sam.		28 Lun.	
13 Dim		29 Mar.	*Montfort-sur-Rille.*
14 Lun.	*Paris*, Saint-Pol.	30 Mer.	
15 Mar.	*Paris*, Saint-Pol.	31 Jeu.	
16 Mer.			

1391 — PAQUES, 26 mars.

SEPTEMBRE		OCTOBRE	
1 Ven.		1 Dim.	
2 Sam.	*Paris.*	2 Lun.	*Saint-Germain-en-Laye.*
3 Dim.		3 Mar.	*Saint-Germain-en-Laye.*
4 Lun.		4 Mer.	*Saint-Germain-en-Laye.*
5 Mar.		5 Jeu.	*Saint-Germain-en-Laye.*
6 Mer.	*Paris.*	6 Ven.	*Paris.*
7 Jeu	*Paris,* Saint-Pol.	7 Sam.	*Paris.*
8 Ven.		8 Dim.	
9 Sam.		9 Lun.	
10 Dim	*Paris.*	10 Mar.	
11 Lun.		11 Mer.	
12 Mar.	*Paris.*	12 Jeu.	
13 Mer	*Paris.*	13 Ven.	
14 Jeu.	*Paris.*	14 Sam.	
15 Ven.	*Paris.*	15 Dim.	
16 Sam.	*Vincennes.*	16 Lun.	
17 Dim.		17 Mar.	
18 Lun.		18 Mer.	
19 Mar.		19 Jeu.	
20 Mer.		20 Ven.	*Orléans.*
21 Jeu.	*Paris.*	21 Sam.	*Bonneval, Orléans.*
22 Ven.		22 Dim.	*Orléans.*
23 Sam.		23 Lun.	
24 Dim.		24 Mar.	
25 Lun.		25 Mer.	
26 Mar.	*Paris.*	26 Jeu.	*Orléans.*
27 Mer.		27 Ven.	
28 Jeu.	*Paris.*	28 Sam.	
29 Ven.		29 Dim.	
30 Sam.	*Saint-Germain-en-Laye.*	30 Lun.	
		31 Mar.	

NOVEMBRE			
1 Mer.		16 Jeu.	
2 Jeu.		17 Ven.	*Tours*
3 Ven.		18 Sam.	
4 Sam.	*Orléans, Beaugency.*	19 Dim.	
5 Dim.		20 Lun.	
6 Lun.		21 Mar.	
7 Mar.		22 Mer.	
8 Mer.		23 Jeu.	*Tours.*
9 Jeu.		24 Ven.	
10 Ven.	*Fontevrault-en-Touraine.*	25 Sam.	*Tours.*
11 Sam.		26 Dim.	*Tours.*
12 Dim.	*Tours.*	27 Lun.	
13 Lun.		28 Mar.	
14 Mar.		29 Mer.	*Tours.*
15 Mer.		30 Jeu.	*Tours.*

1392 — PAQUES, 14 avril.

DÉCEMBRE		JANVIER	
1 Ven.		1 Lun.	*Tours.*
2 Sam.		2 Mar.	
3 Dim.		3 Mer.	*Tours.*
4 Lun.		4 Jeu.	
5 Mar.	*Tours.*	5 Ven.	
6 Mer.		6 Sam.	
7 Jeu.		7 Dim.	
8 Ven.		8 Lun.	
9 Sam		9 Mar.	
10 Dim.	*Chinon.*	10 Mer.	*Fontevrault-en-Touraine.*
11 Lun.		11 Jeu.	
12 Mar.	*Tours.*	12 Ven.	
13 Mer.		13 Sam	
14 Jeu.	*Tours.*	14 Dim.	
15 Ven	*Tours.*	15 Lun.	*Tours.*
16 Sam.		16 Mar.	
17 Dim.		17 Mer.	
18 Lun.		18 Jeu.	*Tours.*
19 Mar.		19 Ven.	*Tours.*
20 Mer.		20 Sam.	*Tours.*
21 Jeu.		21 Dim.	
22 Ven.		22 Lun.	
23 Sam		23 Mar.	
24 Dim.	*Tours.*	24 Mer.	
25 Lun.		25 Jeu.	
26 Mar.	*Tours.*	26 Ven.	*Tours.*
27 Mer.		27 Sam.	*Tours.*
28 Jeu.		28 Dim.	
29 Ven.	*Tours.*	29 Lun.	
30 Sam.		30 Mar.	
31 Dim.		31 Mer.	*Paris.*

FÉVRIER			
1 Jeu.		16 Ven.	*Paris.*
2 Ven		17 Sam.	*Paris.*
3 Sam.	*Paris.*	18 Dim.	*Paris.*
4 Dim.		19 Lun.	
5 Lun		20 Mar.	*Paris.*
6 Mar.	*Paris.*	21 Mer.	
7 Mer.		22 Jeu.	
8 Jeu.		23 Ven.	
9 Ven.		24 Sam.	*Paris*, Saint-Pol.
10 Sam.		25 Dim.	
11 Dim.	*Paris*, Saint-Pol.	26 Lun.	
12 Lun.		27 Mar.	*Paris.*
13 Mar.		28 Mer.	
14 Mer.	*Paris.*	29 Jeu.	
15 Jeu.	*Paris.*		

1392 — PAQUES, 14 avril.

MARS		AVRIL	
1 Ven.	*Paris.*	1 Lun.	*Amiens.*
2 Sam.		2 Mar.	
3 Dim.	*Paris.*	3 Mer.	*Amiens.*
4 Lun.	*Paris.*	4 Jeu.	
5 Mar.		5 Ven.	
6 Mer.	*Paris.*	6 Sam.	
7 Jeu.		7 Dim.	*Amiens.*
8 Ven.	*Paris.*	8 Lun.	
9 Sam.		9 Mar.	*Coucy.*
10 Dim.		10 Mer.	
11 Lun.		11 Jeu.	
12 Mar.	*Paris.*	12 Ven.	*Beauvais.*
13 Mer.		13 Sam.	*Beauvais.*
14 Jeu.	*Paris.*	14 Dim.	Pâques.
15 Ven.	*Paris.*	15 Lun.	
16 Sam.		16 Mar.	
17 Dim.		17 Mer.	
18 Lun.		18 Jeu.	
19 Mar.		19 Ven.	*Beauvais.*
20 Mer.		20 Sam.	
21 Jeu.		21 Dim.	*Amiens.*
22 Ven.		22 Lun.	*Beauvais.*
23 Sam.		23 Mar.	
24 Dim	*Corbie.*	24 Mer.	
25 Lun.		25 Jeu.	
26 Mar.	*Amiens.*	26 Ven.	*Beauvais.*
27 Mer.	*Amiens.*	27 Sam.	*Beauvais.*
28 Jeu.		28 Dim.	
29 Ven		29 Lun.	
30 Sam,	*Amiens.*	30 Mar.	*Amiens.*
31 Dim.	*Amiens.*		

MAI

1 Mer.		17 Ven.	
2 Jeu	*Paris.*	18 Sam.	*Pontoise.*
3 Ven.		19 Dim.	
4 Sam		20 Lun.	
5 Dim.		21 Mar.	
6 Lun.		22 Mer.	
7 Mar.		23 Jeu.	*Maubuisson.*
8 Mer.		24 Ven.	
9 Jeu.	*Paris.*	25 Sam.	
10 Ven.	*Paris.*	26 Dim.	
11 Sam		27 Lun.	*Paris.*
12 Dim.		28 Mar.	*Paris.*
13 Lun.		29 Mer.	*Paris.*
14 Mar.		30 Jeu.	
15 Mer.		31 Ven.	
16 Jeu.			

1393 — PAQUES, 14 avril.

JUIN		JUILLET	
1 Sam.	*Paris.*	1 Lun.	*Villers.*
2 Dim.		2 Mar.	*Villers.*
3 Lun.		3 Mer.	
4 Mar.	*Paris.*	4 Jeu.	
5 Mer.		5 Ven.	
6 Jeu.		6 Sam.	
7 Ven.		7 Dim.	
8 Sam.		8 Lun.	*Paris.*
9 Dim.		9 Mar.	
10 Lun.		10 Mer.	
11 Mar.		11 Jeu.	*Paris.*
12 Mer.		12 Ven.	
13 Jeu.		13 Sam.	*Saint-Germain-en-Laye.*
14 Ven.	*Paris.*	14 Dim.	*Saint-Germain-en-Laye.*
15 Sam.		15 Lun.	*Saint-Germain.*
16 Dim.	*Paris.*	16 Mar.	
17 Lun.		17 Mer.	*Paris.*
18 Mar.	*Paris*	18 Jeu.	
19 Mer.	*Saint-Denis.*	19 Ven.	
20 Jeu.	*Paris.*	20 Sam.	
21 Ven.		21 Dim.	
22 Sam.	*Paris.*	22 Lun.	
23 Dim.		23 Mar.	
24 Lun.	*Saint-Germain.*	24 Mer.	*Au Mans.*
25 Mar.		25 Jeu.	*Au Mans.*
26 Mer.		26 Ven.	
27 Jeu.	*Paris.*	27 Sam.	
28 Ven.	*Paris.*	28 Dim.	
29 Sam.	*Saint-Germain-en-Laye.*	29 Lun.	
30 Dim.		30 Mar.	
		31 Mer.	

AOUT			
1 Jeu.		17 Sam.	
2 Ven.		18 Dim.	
3 Sam.	*Au Mans.*	19 Lun.	
4 Dim.		20 Mar.	
5 Lun.	Forêt du *Mans.*	21 Mer.	
6 Mar.		22 Jeu.	
7 Mer.		23 Ven.	
8 Jeu.		24 Sam	
9 Ven.		25 Dim.	
10 Sam.		26 Lun.	
11 Dim.		27 Mar.	
12 Lun.		28 Mer.	
13 Mar.		29 Jeu.	
14 Mer.		30 Ven.	
15 Jeu.		31 Sam	
16 Ven.	*Paris.*		

1392 — PAQUES, 14 avril.

SEPTEMBRE		OCTOBRE	
1 Dim.	*Creil.*	1 Mar.	*Laon.*
2 Lun.		2 Mer.	
3 Mar.	*Creil.*	3 Jeu.	
4 Mer.	*Creil.*	4 Ven.	*Coucy.*
5 Jeu.		5 Sam.	
6 Ven.	*Creil.*	6 Dim.	
7 Sam.		7 Lun.	
8 Dim.		8 Mar.	
9 Lun.	*Creil.*	9 Mer.	*Saint-Denys.*
10 Mar.	*Paris.*	10 Jeu.	
11 Mer.	*Paris.*	11 Ven.	*Paris.*
12 Jeu.		12 Sam.	
13 Ven.	*Creil.*	13 Dim.	
14 Sam.		14 Lun.	
15 Dim.	*Creil.*	15 Mar.	
16 Lun.		16 Mer.	
17 Mar.		17 Jeu.	*Paris.*
18 Mer.		18 Ven.	
19 Jeu.		19 Sam.	*Paris.*
20 Ven.		20 Dim.	*Vincennes.*
21 Sam.		21 Lun.	
22 Dim.		22 Mar.	
23 Lun.	*Creil.*	23 Mer.	*Paris.*
24 Mar.	*Paris.*	24 Jeu.	
25 Mer.	*Paris.*	25 Ven.	*Paris.*
26 Jeu.		26 Sam.	*Paris.*
27 Ven.		27 Dim.	
28 Sam.		28 Lun.	
29 Dim.	*Compiègne.*	29 Mar.	
30 Lun.		30 Mer.	*Corbeil.*
		31 Jeu.	

NOVEMBRE			
1 Ven.		16 Sam.	*Paucourt, Paris.*
2 Sam.		17 Dim.	*Paucourt.*
3 Dim.	*Paris.*	18 Lun.	*Paucourt.*
4 Lun.		19 Mar.	*Paucourt, Paris.*
5 Mar.		20 Mer.	*Paucourt, Paris.*
6 Mer.	*Paris,* Louvre.	21 Jeu.	*Paucourt.*
7 Jeu.	*Paris,* Louvre.	22 Ven.	*Paucourt, Louvre, Paris.*
8 Ven.	*Paris.*	23 Sam.	*Paucourt.*
9 Sam.	*Paris.*	24 Dim.	*Paucourt.*
10 Dim.		25 Lun.	*Paucourt.*
11 Lun.	*Paucourt.*	26 Mar.	*Paucourt, Paris.*
12 Mar.	*Paucourt.*	27 Mer.	*Paucourt.*
13 Mer.	*Paucourt.*	28 Jeu.	*Paucourt.*
14 Jeu.	*Paucourt.*	29 Ven.	*Paucourt.*
15 Ven.	*Paucourt.*	30 Sam.	*Paucourt.*

1393. — PAQUES, 6 avril.

DÉCEMBRE		JANVIER	
1 Dim.	*Paucourt.*	1 Mer.	
2 Lun.	*Paucourt.*	2 Jeu.	
3 Mar.	*Paucourt.*	3 Ven.	*Paris.*
4 Mer.	*Paucourt.*	4 Sam.	*Paris.*
5 Jeu.	*Paucourt.*	5 Dim.	
6 Ven.	*Paucourt, Louvre, Paris.*	6 Lun.	
7 Sam.	*Paucourt.*	7 Mar.	
8 Dim.	*Paucourt.*	8 Mer.	*Paris.*
9 Lun.		9 Jeu.	
10 Mar.	*Paris.*	10 Ven.	
11 Mer.	*Paris.*	11 Sam.	
12 Jeu.		12 Dim.	
13 Ven	*Vincennes.*	13 Lun.	
14 Sam.		14 Mar.	*Paris.*
15 Dim.		15 Mer.	
16 Lun		16 Jeu.	
17 Mar.	*Paris.*	17 Ven.	
18 Mer.		18 Sam.	*Paris.*
19 Jeu.		19 Dim.	*Paris.*
20 Ven.		20 Lun.	
21 Sam.		21 Mar.	
22 Dim.		22 Mer.	*Paris,* Louvre.
23 Lun.		23 Jeu.	*Paris.*
24 Mar.		24 Ven.	*Paris.*
25 Mer.		25 Sam.	
26 Jeu.		26 Dim.	
27 Ven.		27 Lun.	*Paris.*
28 Sam.		28 Mar.	*Paris.*
29 Dim.		29 Mer.	*Paris.*
30 Lun.	*Paris.*	30 Jeu.	
31 Mar.	*Paris.*	31 Ven.	*Paris.*

FÉVRIER			
1 Sam.	*Paris.*	15 Sam.	*Paris.*
2 Dim		16 Dim.	*Paris.*
3 Lun.		17 Lun.	
4 Mar.	*Paris.*	18 Mar.	
5 Mer.		19 Mer.	
6 Jeu.	*Saint-Denis.*	20 Jeu.	
7 Ven.	*Paris.*	21 Ven.	*Paris.*
8 Sam.		22 Sam.	*Paris.*
9 Dim.		23 Dim.	
10 Lun.	*Saint-Germain.*	24 Lun.	*Paris.*
11 Mar.		25 Mar.	
12 Mer.	*Paris.*	26 Mer.	*Paris.*
13 Jeu.	*Paris.*	27 Jeu.	*Paris.*
14 Ven.	*Paris.*	28 Ven.	*Paris.*

1393. — PAQUES, 6 avril.

MARS		AVRIL	
1 Sam.		1 Mar.	
2 Dim.		2 Mer.	*Abbeville.*
3 Lun.	*Paris.*	3 Jeu.	
4 Mar.	*Paris.*	4 Ven.	*Abbeville.*
5 Mer.		5 Sam.	
6 Jeu.	*Paris.*	6 Dim.	*Abbeville.*
7 Ven.		7 Lun.	
8 Sam.	*Paris.*	8 Mar.	
9 Dim.		9 Mer.	
10 Lun.	*Paris.*	10 Jeu.	
11 Mar.		11 Ven.	
12 Mer.		12 Sam.	
13 Jeu.	*Paris.*	13 Dim.	*Abbeville.*
14 Ven.	*Paris.*	14 Lun.	
15 Sam.		15 Mar.	
16 Dim.		16 Mer.	
17 Lun.		17 Jeu	
18 Mar.		18 Ven.	
19 Mer.		19 Sam	
20 Jeu.		20 Dim.	*Abbeville.*
21 Ven.	*Amiens.*	21 Lun.	
22 Sam.		22 Mar.	
23 Dim.	*Amiens.*	23 Mer.	
24 Lun.	*Amiens.*	24 Jeu.	
25 Mar.	*Amiens.*	25 Ven.	*Abbeville.*
26 Mer.		26 Sam.	
27 Jeu.		27 Dim.	
28 Ven.		28 Lun.	
29 Sam.		29 Mar.	
30 Dim.	*Abbeville.*	30 Mer.	*Abbeville.*
31 Lun			

MAI			
1 Jeu.	*Abbeville.*	17 Sam.	
2 Ven.	*Araines.*	18 Dim.	
3 Sam.		19 Lun.	
4 Dim.	*Abbeville.*	20 Mar	*Abbeville.*
5 Lun.		21 Mer.	
6 Mar.		22 Jeu.	
7 Mer.		23 Ven.	
8 Jeu.		24 Sam.	
9 Ven.		25 Dim.	
10 Sam.		26 Lun.	
11 Dim.		27 Mar.	*Abbeville.*
12 Lun.		28 Mer.	
13 Mar.		29 Jeu.	
14 Mer.		30 Ven.	
15 Jeu.		31 Sam.	
16 Ven.	*Abbeville.*		

1393. — PAQUES, 6 avril.

JUIN		JUILLET	
1 Dim.		1 Mar.	*Paris.*
2 Lun.		2 Mer.	
3 Mar.		3 Jeu.	*Paris.*
4 Mer.	*Abbeville.*	4 Ven.	
5 Jeu.		5 Sam.	
6 Ven.		6 Dim.	*Beauté-sur-Marne.*
7 Sam.		7 Lun.	
8 Dim.		8 Mar.	
9 Lun.	*Abbeville.*	9 Mer.	
10 Mar.	*Abbeville.*	10 Jeu.	
11 Mer.		11 Ven.	
12 Jeu.		12 Sam.	*Paris.*
13 Ven.		13 Dim.	
14 Sam.		14 Lun.	
15 Dim.		15 Mar.	
16 Lun.		16 Mer.	*Paris.*
17 Mar.		17 Jeu.	
18 Mer.	*Abbbeville.*	18 Ven.	*Paris.*
19 Jeu.		19 Sam.	*Paris.*
20 Ven.		20 Dim.	
21 Sam.		21 Lun.	
22 Dim		22 Mar.	*Beauté-sur-Marne.*
23 Lun.		23 Mer.	*Paris.*
24 Mar.	*Abbeville.*	24 Jeu.	*Vincennes.*
25 Mer.		25 Ven.	
26 Jeu.		26 Sam.	
27 Ven.		27 Dim.	
28 Sam.		28 Lun.	
29 Dim.		29 Mar.	
30 Lun.		30 Mer	
		31 Jeu.	

AOUT			
1 Ven.	*Paris.*	17 Dim.	*Paris.*
2 Sam.		18 Lun.	
3 Dim.		19 Mar.	
4 Lun.		20 Mer.	
5 Mar.		21 Jeu.	
6 Mer.		22 Ven.	*Vincennes.*
7 Jeu.	*Paris.*	23 Sam.	
8 Ven.	*Paris.*	24 Dim.	*Vincennes.*
9 Sam.		25 Lun.	
10 Dim.		26 Mar.	
11 Lun.		27 Mer.	*Beauté-sur-Marne, Vincennes.*
12 Mar.			
13 Mer.	*Paris.*	28 Jeu.	
14 Jeu.		29 Ven.	
15 Ven.		30 Sam.	
16 Sam.	*Paris.*	31 Dim.	

1393. — PAQUES, 6 avril.

SEPTEMBRE		OCTOBRE	
1 Lun.		1 Mer.	*Paris.*
2 Mar.		2 Jeu.	
3 Mer.		3 Ven.	
4 Jeu.		4 Sam.	
5 Ven.		5 Dim.	
6 Sam.	*Paris.*	6 Lun.	
7 Dim.	*Paris, Beauté-sur-Marne.*	7 Mar.	*Paris.*
8 Lun.		8 Mer.	
9 Mar.		9 Jeu.	
10 Mer.		10 Ven.	
11 Jeu.		11 Sam.	*Paris.*
12 Ven.		12 Dim.	
13 Sam.		13 Lun.	
14 Dim.		14 Mar.	
15 Lun.		15 Mer.	*Saint-Ouen.*
16 Mar.	*Paris.*	16 Jeu.	
17 Mer.		17 Ven	
18 Jeu.		18 Sam.	*Paris.*
19 Ven.	*Paris.*	19 Dim.	
20 Sam.	*Paris.*	20 Lun.	*Paris.*
21 Dim.		21 Mar.	
22 Lun.		22 Mer.	*Saint-Ouen.*
23 Mar.		23 Jeu.	
24 Mer.		24 Ven.	
25 Jeu.	*Paris.*	25 Sam.	*Paris*
26 Ven.	*Saint-Ouen.*	26 Dim.	
27 Sam.	*Saint-Ouen.*	27 Lun.	
28 Dim.		28 Mar.	
29 Lun.		29 Mer.	*Paris.*
30 Mar.	*Paris.*	30 Jeu.	
		31 Ven.	*Paris, Saint-Germain.*

NOVEMBRE			
1 Sam.		16 Dim.	
2 Dim.	*Saint-Germain-en-Laye,*	17 Lun.	
3 Lun.		18 Mar.	
4 Mar.		19 Mer.	*Paris.*
5 Mer.	*Paris.*	20 Jeu.	
6 Jeu.		21 Ven.	*Paris.*
7 Ven.		22 Sam.	
8 Sam.		23 Dim.	
9 Dim.		24 Lun.	
10 Lun.	*Paris.*	25 Mar.	
11 Mar.		26 Mer.	
12 Mer.		27 Jeu.	
13 Jeu.		28 Ven.	
14 Ven.		29 Sam.	
15 Sam.		30 Dim.	

1394. — PAQUES, 19 avril.

DÉCEMBRE		JANVIER	
1 Lun.		1 Jeu.	
2 Mar.		2 Ven.	*Saint-Germain.*
3 Mer.		3 Sam.	*Paris.*
4 Jeu.		4 Dim.	
5 Ven.		5 Lun.	
6 Sam.	*Saint-Germain-en-Laye.*	6 Mar.	
7 Dim.		7 Mer.	
8 Lun.		8 Jeu.	
9 Mar.		9 Ven.	*Paris.*
10 Mer.		10 Sam.	
11 Jeu.		11 Dim.	
12 Ven.	*Paris.*	12 Lun.	
13 Sam.		13 Mar.	
14 Dim.	*Fontainebleau.*	14 Mer.	*Saint-Germain-en-Laye.*
15 Lun.	*Fontainebleau.*	15 Jeu.	
16 Mar.	*Fontainebleau.*	16 Ven.	
17 Mer.	*Fontainebleau.*	17 Sam.	*Saint-Germain-en-Laye.*
18 Jeu.	*Fontainebleau.*	18 Dim.	*Saint-Germain.*
19 Ven.	*Fontainebleau.*	19 Lun.	
20 Sam.	*Fontainebleau.*	20 Mar.	*Saint-Germain.*
21 Dim.	*Fontainebleau.*	21 Mer.	*Saint-Germain.*
22 Lun.	*Paris.*	22 Jeu.	
23 Mar.		23 Ven.	*Saint-Germain.*
24 Mer.	*Saint-Germain-en-Laye.*	24 Sam.	
25 Jeu.		25 Dim.	
26 Ven.		26 Lun.	*Saint-Germain-en-Laye.*
27 Sam	*Saint-Germain.*	27 Mar.	*Saint-Germain.*
28 Dim.	*Saint-Germain.*	28 Mer.	*Saint-Germain.*
29 Lun.		29 Jeu.	*Saint-Germain.*
30 Mar.		30 Ven.	*Saint-Germain.*
31 Mer.	*Saint-Germain.*	31 Sam.	*Saint-Germain.*

FÉVRIER			
1 Dim.	*Saint-Germain.*	15 Dim.	*Mont-saint-Michel*
2 Lun.	*Saint-Germain.*	16 Lun.	
3 Mar.		17 Mar.	*Avranches.*
4 Mer.		18 Mer.	
5 Jeu.		19 Jeu.	
6 Ven.		20 Ven.	*Bayeux.*
7 Sam.		21 Sam.	*Caen.*
8 Dim.		22 Dim.	*Caen.*
9 Lun.	*Argenton.*	23 Lun.	*Lisieux.*
10 Mar.	*Falaise.*	24 Mar.	
11 Mer.		25 Mer.	*Mont-saint-Michel.*
12 Jeu.		26 Jeu.	*Montfort.*
13 Ven.	*Avranches.*	27 Ven.	*Louviers.*
14 Sam.	*Avranches.*	28 Sam.	*Pontorson.*

1894 — PAQUES, 19 avril.

MARS		AVRIL	
1 Dim.		1 Mer.	*Paris.*
2 Lun.		2 Jeu.	*Paris.*
3 Mar.	*Vincennes.*	3 Ven.	
4 Mer.	*Vincennes.*	4 Sam.	
5 Jeu.		5 Dim.	*Paris.*
6 Ven.	*Paris.*	6 Lun.	
7 Sam.	*Paris.*	7 Mar.	*Paris,* Saint-Pol.
8 Dim.		8 Mer.	
9 Lun.	*Paris.*	9 Jeu.	
10 Mar.		10 Ven.	
11 Mer.		11 Sam.	
12 Jeu.		12 Dim.	
13 Ven.	*Paris.*	13 Lun.	*Paris.*
14 Sam.	*Paris.*	14 Mar.	*Paris.*
15 Dim.	*Paris.*	15 Mer.	
16 Lun.	*Paris.*	16 Jeu.	
17 Mar.	*Paris.*	17 Ven.	*Paris.*
18 Mer.		18 Sam.	
19 Jeu.	*Paris.*	19 Dim.	Pâques.
20 Ven.		20 Lun.	
21 Sam.		21 Mar.	
22 Dim.		22 Mer.	
23 Lun.		23 Jeu.	
24 Mar.	*Paris.*	24 Ven.	*Paris.*
25 Mer.		25 Sam.	
26 Jeu.		26 Dim.	
27 Ven.		27 Lun.	
28 Sam.		28 Mar.	
29 Dim.		29 Mer.	
30 Lun.		30 Jeu.	
31 Mar.			

MAI

1 Ven.		17 Dim.	*Paris.*
2 Sam.	*Paris.*	18 Lun.	
3 Dim.		19 Mar.	
4 Lun.	*Paris.*	20 Mer.	*Paris,* Saint-Pol.
5 Mar.	*Paris.*	21 Jeu.	
6 Mer.		22 Ven.	*Paris.*
7 Jeu.		23 Sam.	
8 Ven.		24 Dim.	*Paris.*
9 Sam.		25 Lun.	
10 Dim.		26 Mar.	*Paris.*
11 Lun.		27 Mer.	*Paris.*
12 Mar.		28 Jeu.	
13 Mer.		29 Ven.	
14 Jeu.		30 Sam.	
15 Ven.	*Paris,* Saint-Pol.	31 Dim.	
16 Sam.	*Paris.*		

1394 — PAQUES, 19 avril.

JUIN		JUILLET	
1 Lun.		1 Mer.	*Paris.*
2 Mar.		2 Jeu.	*Paris.*
3 Mer.		3 Ven.	*Paris.*
4 Jeu.		4 Sam.	
5 Ven.		5 Dim.	
6 Sam.	*Paris.*	6 Lun.	
7 Dim.		7 Mar.	
8 Lun.		8 Mer.	
9 Mar.		9 Jeu.	
10 Mer.		10 Ven.	
11 Jeu.		11 Sam.	
12 Ven.		12 Dim.	*Paris*, Saint-Pol.
13 Sam.		13 Lun.	
14 Dim.		14 Mar.	
15 Lun.		15 Mer.	*Paris.*
16 Mar.		16 Jeu.	
17 Mer.		17 Ven.	
18 Jeu.		18 Sam.	*Paris.*
19 Ven.		19 Dim.	
20 Sam.		20 Lun.	
21 Dim.		21 Mar.	
22 Lun.		22 Mer.	
23 Mar.		23 Jeu.	
24 Mer.	*Paris.*	24 Ven.	
25 Jeu.		25 Sam.	
26 Ven.		26 Dim.	
27 Sam.		27 Lun.	
28 Dim.		28 Mar.	
29 Lun.		29 Mer.	*Paris.*
30 Mar.		30 Jeu.	
		31 Ven.	

AOUT.			
1 Sam.		17 Lun.	
2 Dim.		18 Mar.	*Paris*, Saint-Pol.
3 Lun.		19 Mer.	*Paris.*
4 Mar.		20 Jeu.	
5 Mer.		21 Ven.	
6 Jeu.		22 Sam.	
7 Ven.		23 Dim.	
8 Sam.	*Paris*, Saint-Pol.	24 Lun.	*Fontainebleau.*
9 Dim.		25 Mar.	*Fontainebleau, Paris.*
10 Lun.		26 Mer.	*Fontainebleau, Paris.*
11 Mar.		27 Jeu.	*Fontainebleau, Paris.*
12 Mer.		28 Ven.	*Fontainebleau.*
13 Jeu.		29 Sam.	*Fontainebleau.*
14 Ven.		30 Dim.	*Fontainebleau.*
15 Sam.		31 Lun.	*Fontainebleau.*
16 Dim.	*Paris.*		

1394 — PAQUES, 19 avril.

SEPTEMBRE		OCTOBRE	
1 Mar.	*Fontainebleau.*	1 Jeu.	
2 Mer.	*Fontainebleau, Paris.*	2 Ven.	
3 Jeu.	*Fontainebleau.*	3 Sam.	
4 Ven.	*Fontainebleau, Paris.*	4 Dim.	
5 Sam.	*Fontainebleau, Paris.*	5 Lun.	
6 Dim.	*Fontainebleau.*	6 Mar.	*Paris.*
7 Lun.	*Fontainebleau Paris* St-Pol.	7 Mer.	
8 Mar.	*Fontainebleau.*	8 Jeu.	*Paris.*
9 Mer.	*Fontainebleau Paris* St-Pol.	9 Ven.	*Saint-Denis.*
10 Jeu.	*Fontainebleau, Paris.*	10 Sam.	
11 Ven.	*Fontainebleau.*	11 Dim.	*Saint-Germain-en-Laye.*
12 Sam.	*Fontainebleau.*	12 Lun.	
13 Dim.	*Villeneuve-Saint-Georges.*	13 Mar.	
14 Lun.	*Fontainebleau.*	14 Mer.	*Paris.*
15 Mar.	*Fontainebleau, Paris.*	15 Jeu.	
16 Mer.	*Fontainebleau.*	16 Ven.	
17 Jeu.	*Fontainebleau, Paris.*	17 Sam.	
18 Ven.	*Paris.*	18 Dim.	
19 Sam.		19 Lun.	
20 Dim.		20 Mar.	
21 Lun.		21 Mer.	
22 Mar.		22 Jeu.	
23 Mer.	*Paris.*	23 Ven.	
24 Jeu.		24 Sam.	
25 Ven.	*Paris.*	25 Dim.	
26 Sam.		26 Lun.	*Villiers-sous-Neaufle.*
27 Dim.	*Paris.*	27 Mar.	*Paris.*
28 Lun.		28 Mer.	*Paris.*
29 Mar.		29 Jeu.	
30 Mer.		30 Ven.	*Paris.*
		31 Sam.	*Paris.*

NOVEMBRE			
1 Dim.		16 Lun.	
2 Lun.		17 Mar.	
3 Mar.	*Paris.*	18 Mer	
4 Mer.		19 Jeu.	
5 Jeu.		20 Ven.	
6 Ven.		21 Sam.	
7 Sam.		22 Dim.	
8 Dim.	*Paris.*	23 Lun.	*Paris.*
9 Lun.		24 Mar.	*Paris, Senlis.*
10 Mar.	*Paris.*	25 Mer.	
11 Mer.		26 Jeu.	
12 Jeu.		27 Ven.	*Paris.*
13 Ven.		28 Sam.	
14 Sam.	*Paris.*	29 Dim.	*Paris.*
15 Dim.		30 Lun.	

1395 — PAQUES, 11 avril.

DÉCEMBRE		JANVIER	
1 Mar.		1 Ven.	
2 Mer.		2 Sam.	
3 Jeu.		3 Dim.	*Paris.*
4 Ven.		4 Lun.	*Paris.*
5 Sam.		5 Mar.	
6 Dim.	*Paris.*	6 Mer.	
7 Lun.	*Paris.*	7 Jeu.	
8 Mar.		8 Ven.	
9 Mer.	*Paris.*	9 Sam.	
10 Jeu.		10 Dim.	
11 Ven.		11 Lun.	
12 Sam.		12 Mar.	*Paris.*
13 Dim.		13 Mer.	
14 Lun.		14 Jeu.	
15 Mar.	*Paris.*	15 Ven.	*Paris.*
16 Mer.	*Paris.*	16 Sam.	
17 Jeu.		17 Dim.	*Paris.*
18 Ven.		18 Lun.	*Paris.*
19 Sam.		19 Mar.	*Paris.*
20 Dim.		20 Mer.	
21 Lun.		21 Jeu.	
22 Mar.	*Paris.*	22 Ven.	
23 Mer.		23 Sam.	*Paris.*
24 Jeu.	*Paris.*	24 Dim.	*Paris.*
25 Ven.	*Paris.*	25 Lun.	
26 Sam.		26 Mar.	*Paris.*
27 Dim.		27 Mer.	
28 Lun.	*Paris.*	28 Jeu.	
29 Mar.		29 Ven.	*Paris.*
30 Mer.		30 Sam.	
31 Jeu.		31 Dim.	

FÉVRIER			
1 Lun.		15 Lun.	
2 Mar.		16 Mar.	
3 Mer.		17 Mer.	*Paris.*
4 Jeu.	*Paris.*	18 Jeu.	
5 Ven.	*Paris.*	19 Ven.	
6 Sam.		20 Sam.	*Paris.*
7 Dim.	*Paris.*	21 Dim.	
8 Lun.		22 Lun.	
9 Mar.		23 Mar.	*Paris.*
10 Mer.		24 Mer.	*Paris.*
11 Jeu.		25 Jeu.	*Paris.*
12 Ven.		26 Ven.	*Paris.*
13 Sam.		27 Sam.	*Paris.*
14 Dim.	*Paris.*	28 Dim.	

1395 — PAQUES, 11 avril.

MARS		AVRIL	
1 Lun.	*Paris.*	1 Jeu.	
2 Mar.	*Conflans.*	2 Ven.	
3 Mer.	*Lieusaint, Melun.*	3 Sam.	
4 Jeu.	*Melun.*	4 Dim.	
5 Ven.		5 Lun.	
6 Sam.		6 Mar.	
7 Dim.		7 Mer.	*Paris.*
8 Lun.		8 Jeu.	*Paris.*
9 Mar.		9 Ven.	*Paris.*
10 Mer.		10 Sam.	*Paris.*
11 Jeu.		11 Dim.	
12 Ven.		12 Lun.	
13 Sam.		13 Mar.	
14 Dim.		14 Mer.	
15 Lun.		15 Jeu.	
16 Mar.		16 Ven.	*Paris.*
17 Mer.		17 Sam.	
18 Jeu.		18 Dim.	*Paris.*
19 Ven.		19 Lun.	*Paris.*
20 Sam.	*Clermont.*	20 Mar.	
21 Dim.		21 Mer.	
22 Lun.		22 Jeu.	
23 Mar.		23 Ven.	*Paris.*
24 Mer.		24 Sam.	*Paris.*
25 Jeu.		25 Dim.	
26 Ven.		26 Lun.	
27 Sam.		27 Mar.	
28 Dim.		28 Mer.	*Paris.*
29 Lun.		29 Jeu.	
30 Mar.		30 Ven.	
31 Mer.			

MAI			
1 Sam.		17 Lun.	
2 Dim.		18 Mar.	
3 Lun		19 Mer.	
4 Mar.		20 Jeu.	*Paris.*
5 Mer.	*Paris.*	21 Ven.	
6 Jeu.		22 Sam.	*Paris.*
7 Ven.		23 Dim.	
8 Sam.		24 Lun.	*Paris.*
9 Dim.		25 Mar.	
10 Lun.	*Paris.*	26 Mer.	
11 Mar.	*Paris.*	27 Jeu.	
12 Mer.		28 Ven.	
13 Jeu.		29 Sam.	*Paris.*
14 Ven.	*Paris.*	30 Dim.	
15 Sam.		31 Lun.	
16 Dim.			

1395 — PAQUES, 11 avril.

JUIN		JUILLET	
1 Mar.	*Paris.*	1 Jeu.	*Paris*, Saint-Pol.
2 Mer.		2 Ven.	
3 Jeu.		3 Sam.	*Paris.*
4 Ven.		4 Dim.	
5 Sam.		5 Lun.	*Paris.*
6 Dim.		6 Mar.	*Paris.*
7 Lun.		7 Mer.	
8 Mar.		8 Jeu.	
9 Mer.		9 Ven.	*Paris.*
10 Jeu.		10 Sam.	
11 Ven.		11 Dim.	
12 Sam.		12 Lun.	
13 Dim.		13 Mar.	
14 Lun.		14 Mer.	
15 Mar.		15 Jeu.	
16 Mer.		16 Ven.	*Paris.*
17 Jeu.		17 Sam.	
18 Ven.	*Paris.*	18 Dim.	
19 Sam.		19 Lun.	
20 Dim.		20 Mar.	
21 Lun.		21 Mer.	
22 Mar.		22 Jeu.	
23 Mer.		23 Ven.	*Maubuisson-les-Pontoise.*
24 Jeu.		24 Sam.	
25 Ven.	*Paris.*	25 Dim.	
26 Sam.	*Paris.*	26 Lun.	
27 Dim.		27 Mar.	
28 Lun.	*Paris.*	28 Mer.	
29 Mar.		29 Jeu.	
30 Mer.		30 Ven.	*Paris.*
		31 Sam.	*Paris.*

AOUT			
1 Dim.	*Paris.*	17 Mar.	
2 Lun.		18 Mer.	
3 Mar.	*Paris.*	19 Jeu.	*Paris.*
4 Mer.	*Paris.*	20 Ven.	*Paris.*
5 Jeu.		21 Sam.	
6 Ven.		22 Dim.	
7 Sam.	*Paris.*	23 Lun.	
8 Dim.		24 Mar.	
9 Lun.		25 Mer.	*Paris.*
10 Mar.	*Paris.*	26 Jeu.	
11 Mer.		27 Ven.	
12 Jeu.	*Conflans.*	28 Sam.	*Paris.*
13 Ven.	*Paris.*	29 Dim.	
14 Sam.	*Paris.*	30 Lun.	
15 Dim.		31 Mar.	
16 Lun.			

1395 — PAQUES, 11 avril.

SEPTEMBRE		OCTOBRE	
1 Mer.		1 Ven.	*Paris.*
2 Jeu.		2 Sam.	*Paris.*
3 Ven.		3 Dim.	
4 Sam.		4 Lun.	*Paris.*
5 Dim.	*Paris.*	5 Mar.	
6 Lun.	*Paris.*	6 Mer.	
7 Mar.	*Paris.*	7 Jeu.	
8 Mer.		8 Ven.	
9 Jeu.		9 Sam.	
10 Ven.	*Paris.*	10 Dim.	
11 Sam.	*Paris.*	11 Lun.	*Paris.*
12 Dim.		12 Mar.	
13 Lun.		13 Mer.	
14 Mar.		14 Jeu.	
15 Mer.		15 Ven.	*Paris.*
16 Jeu.		16 Sam.	
17 Ven.		17 Dim.	*Paris.*
18 Sam.		18 Lun.	
19 Dim.		19 Mar.	
20 Lun.	*Paris.*	20 Mer.	
21 Mar.		21 Jeu.	
22 Mer.		22 Ven.	
23 Jeu.		23 Sam.	
24 Ven.		24 Dim.	
25 Sam.	*Paris.*	25 Lun.	
26 Dim.		26 Mar.	
27 Lun.	*Paris.*	27 Mer.	
28 Mar.		28 Jeu.	
29 Mer.	*Paris.*	29 Ven.	
30 Jeu.		30 Sam.	*Paris.*
		31 Dim.	

NOVEMBRE			
1 Lun.		16 Mar.	
2 Mar.		17 Mer.	
3 Mer.		18 Jeu.	*Paris.*
4 Jeu.		19 Ven.	
5 Ven.		20 Sam.	
6 Sam.		21 Dim.	
7 Dim.	*Paris.*	22 Lun.	*Paris.*
8 Lun.		23 Mar.	
9 Mar.	*Paris.*	24 Mer.	*Paris.*
10 Mer.		25 Jeu.	
11 Jeu.		26 Ven.	
12 Ven.		27 Sam.	
13 Sam.		28 Dim.	
14 Dim.		29 Lun.	
15 Lun.		30 Mar.	

1896 — PAQUES, 2 avril.

DÉCEMBRE		JANVIER	
1 Mer.	*Paris.*	1 Sam.	
2 Jeu.		2 Dim.	
3 Ven.		3 Lun.	*Paris.*
4 Sam.		4 Mar.	*Paris.*
5 Dim.		5 Mer.	
6 Lun.		6 Jeu.	
7 Mar.		7 Ven.	
8 Mer.		8 Sam.	*Paris.*
9 Jeu.		9 Dim.	
10 Ven.		10 Lun.	
11 Sam.		11 Mar.	*Paris.*
12 Dim.		12 Mer.	*Paris.*
13 Lun.	*Paris.*	13 Jeu.	*Paris.*
14 Mar.		14 Ven.	
15 Mer.		15 Sam.	*Paris.*
16 Jeu.		16 Dim.	
17 Ven.		17 Lun.	
18 Sam.		18 Mar.	
19 Dim.		19 Mer.	
20 Lun.		20 Jeu.	
21 Mar.		21 Ven.	
22 Mer.		22 Sam.	*Paris.*
23 Jeu.		23 Dim.	
42 Ven.		24 Lun.	
25 Sam.		25 Mar.	
26 Dim.	*Paris.*	26 Mer.	*Paris.*
27 Lun.		27 Jeu.	
28 Mar.	*Paris.*	28 Ven.	
29 Mer.		29 Sam.	
30 Jeu.	*Paris.*	30 Dim.	
31 Ven.		31 Lun.	*Paris.*

FÉVRIER			
1 Mar.		16 Mer.	
2 Mer.		17 Jeu.	
3 Jeu.	*Paris.*	18 Ven.	
4 Ven.		19 Sam.	
5 Sam.		20 Dim.	
6 Dim.		21 Lun.	
7 Lun.		22 Mar.	*Paris.*
8 Mar.	*Paris.*	23 Mer.	
9 Mer.		24 Jeu.	
10 Jeu.		25 Ven.	*Paris.*
11 Ven.		26 Sam.	
12 Sam.	*Paris.*	27 Dim.	
13 Dim.	*Paris.*	28 Lun.	*Paris.*
14 Lun.		29 Mar.	*Paris.*
15 Mar.	*Paris.*		

1396 — PAQUES, 2 avril.

MARS		AVRIL	
1 Mer.	*Paris.*	1 Sam.	*Paris.*
2 Jeu.	*Paris.*	2 Dim.	
3 Ven.		3 Lun.	
4 Sam.	*Paris.*	4 Mar.	*Paris*
5 Dim.		5 Mer.	
6 Lun.		6 Jeu.	
7 Mar.		7 Ven.	
8 Mer.		8 Sam.	*Paris.*
9 Jeu.	*Paris.*	9 Dim.	
10 Ven.		10 Lun.	*Paris.*
11 Sam.		11 Mar.	*Paris.*
12 Dim.	*Paris.*	12 Mer.	*Paris.*
13 Lun.	*Paris.*	13 Jeu.	
14 Mar.	*Paris.*	14 Ven.	
15 Mer.	*Paris.*	15 Sam.	
16 Jeu.	*Paris.*	16 Dim.	
17 Ven.	*Paris.*	17 Lun.	*Paris.*
18 Sam.		18 Mar.	*Paris.*
19 Dim.		19 Mer.	*Paris.*
20 Lun.		20 Jeu.	*Paris.*
21 Mar.	*Paris.*	21 Ven.	
22 Mer.		22 Sam.	
23 Jeu.	*Paris.*	23 Dim.	*Melun.*
24 Ven.		24 Lun.	
25 Sam.		25 Mar.	
26 Dim.	*Paris.*	26 Mer.	
27 Lun.		27 Jeu.	
28 Mar.	*Paris.*	28 Ven.	
29 Mer.		29 Sam.	
30 Jeu.		30 Dim.	
31 Ven.	*Paris.*		

MAI			
1 Lun.		17 Mer.	*Paris.*
2 Mar.	*Paris.*	18 Jeu.	
3 Mer.	*Paris.*	19 Ven.	
4 Jeu.		20 Sam.	*Paris*, Hôtel Saint-Pol.
5 Ven.	*Paris.*	21 Dim.	*Paris*, Hôtel Saint-Pol.
6 Sam.	*Paris.*	22 Lun.	*Paris*, Hôtel Saint-Pol.
7 Dim.		23 Mar.	
8 Lun.	*Paris*, Hôtel Saint-Pol.	24 Mer.	
9 Mar.	*Paris*, Hôtel Saint-Pol.	25 Jeu.	Souper à *Conflans.*
10 Mer.	*Paris*, Hôtel Saint-Pol.	26 Ven.	*Paris.*
11 Jeu.		27 Sam.	
12 Ven.		28 Dim.	Bois de *Vincennes.*
13 Sam.	*Paris.*	29 Lun.	*Paris.*
14 Dim.		30 Mar.	*Paris*, Hôtel Montagu.
15 Lun.		31 Mer.	*Paris.*
16 Mar.	*Paris.*		

1893 — PAQUES, 2 avril.

JUIN		JUILLET	
1 Jeu.	*Paris.*	1 Sam.	*Compiègne.*
2 Ven.	*Paris.*	2 Dim.	*Compiègne.*
3 Sam.	*Paris.*	3 Lun.	*Compiègne.*
4 Dim.		4 Mar.	*Compiègne.*
5 Lun.		5 Mer.	*Compiègne.*
6 Mar.	*Paris.*	6 Jeu.	*Compiègne.*
7 Mer.	*Paris.*	7 Ven.	*Compiègne.*
8 Jeu.		8 Sam.	*Compiègne, Paris.*
9 Ven.	*Paris.*	9 Dim.	*Compiègne.*
10 Sam.	*Paris.*	10 Lun.	*Compiègne.*
11 Dim.	*Compiègne.*	11 Mar.	*Compiègne.* Souper à Guise
12 Lun.	*Compiègne.*	12 Mer.	*Compiègne.*
13 Mar.	*Compiègne.*	13 Jeu.	*Compiègne.*
14 Mer.	*Compiègne.*	14 Ven.	*Compiègne.*
15 Jeu.	*Compiègne.*	15 Sam.	*Compiègne.*
16 Ven.	*Compiègne.*	16 Dim.	*Compiègne.*
17 Sam.	*Compiègne.*	17 Lun.	*Compiègne.*
18 Dim	*Compiègne.*	18 Mar.	*Compiègne.*
19 Lun.	*Compiègne.*	19 Mer.	*Compiègne.*
20 Mar.	*Compiègne.*	20 Jeu.	*Compiègne.*
21 Mer.	*Compiègne.*	21 Ven.	*Compiègne, Paris.*
22 Jeu.	*Compiègne.*	22 Sam.	*Compiègne.*
23 Ven.	*Compiègne.*	23 Dim.	*Compiègne.*
24 Sam.	*Compiègne.*	24 Lun.	
25 Dim.	*Compiègne.*	25 Mar.	
26 Lun.	*Compiègne.*	26 Mer.	
27 Mar.	*Compiègne.*	27 Jeu.	*Senlis.*
28 Mer.	*Compiègne.*	28 Ven.	*Senlis.*
29 Jeu.	*Compiègne.*	29 Sam.	*Senlis.*
30 Ven.	*Compiègne.*	30 Dim.	
		31 Lun.	

AOUT			
1 Mar.		17 Jeu.	
2 Mer.	*Paris.*	18 Ven.	
3 Jeu.		19 Sam.	
4 Ven.		20 Dim.	
5 Sam.	*Paris.*	21 Lun.	
6 Dim.		22 Mar.	
7 Lun.	*Paris.*	23 Mer.	*Paris.*
8 Mar.		24 Jeu.	
9 Mer.		25 Ven.	*Paris.*
10 Jeu.		26 Sam.	
11 Ven.		27 Dim.	
12 Sam.		28 Lun.	
13 Dim.		29 Mar.	
14 Lun.		30 Mer.	*Paris.*
15 Mar.		31 Jeu.	*Paris.*
16 Mer.	*Paris.*		

1396 — PAQUES, 2 avril.

SEPTEMBRE		OCTOBRE	
1 Ven.	*Paris.*	1 Dim.	*Creil.*
2 Sam.	*Paris.*	2 Lun.	
3 Dim.		3 Mar.	*Clermont-en-Beauvoisis.*
4 Lun.		4 Mer.	
5 Mar.		5 Jeu.	
6 Mer.	*Paris.*	6 Ven.	
7 Jeu.	*Paris.*	7 Sam.	
8 Ven.		8 Dim.	
9 Sam.	*Paris.*	9 Lun.	
10 Dim.		10 Mar.	
11 Lun.		11 Mer.	
12 Mar.	*Paris.*	12 Jeu.	
13 Mer.		13 Ven.	
14 Jeu.		14 Sam.	
15 Ven.		15 Dim.	
16 Sam.		16 Lun.	*Therouane.*
17 Dim		17 Mar.	
18 Lun.	*Paris.*	18 Mer.	
19 Mar.	*Paris.*	19 Jeu.	*Saint-Omer.*
20 Mer.		20 Ven.	
21 Jeu.		21 Sam.	
22 Ven.		22 Dim.	*Saint-Omer.*
23 Sam.	*Paris.*	23 Lun.	*Saint-Omer.*
24 Dim.	*Paris.*	24 Mar.	
25 Lun.		25 Mer.	
26 Mar.	*Paris.*	26 Jeu.	
27 Mer.		27 Ven.	
28 Jeu.	*Paris.*	28 Sam.	*Ardres.*
29 Ven.	*Le Bourget.*	29 Dim.	*Ardres.*
30 Sam.	*Creil.*	30 Lun.	*Calais*
		31 Mar.	

NOVEMBRE			
1 Mer.		16 Jeu.	
2 Jeu.		17 Ven.	
3 Ven.		18 Sam.	
4 Sam.		19 Dim.	
5 Dim.		20 Lun.	
6 Lun.		21 Mar.	
7 Mar.		22 Mer.	*Paris.*
8 Mer.		23 Jeu.	
9 Jeu.		24 Ven.	
10 Ven.		25 Sam.	
11 Sam.		26 Dim.	
12 Dim.		27 Lun.	
13 Lun.		28 Mar.	
14 Mar.		29 Mer.	*Paris.*
15 Mer.		30 Jeu.	

1397 — PAQUES, 22 avril.

DÉCEMBRE		JANVIER	
1 Ven.	*Paris.*	1 Lun.	
2 Sam.	*Paris.*	2 Mar.	
3 Dim.		3 Mer.	*Paris.*
4 Lun.	*Paris.*	4 Jeu.	
5 Mar.		5 Ven.	
6 Mer.		6 Sam.	
7 Jeu.	*Paris.*	7 Dim.	
8 Ven.		8 Lun.	*Paris.*
9 Sam.		9 Mar.	
10 Dim.		10 Mer.	*Paris.*
11 Lun.	*Paris.*	11 Jeu.	
12 Mar.	*Paris.*	12 Ven.	
13 Mer.	*Paris.*	13 Sam.	*Paris.*
14 Jeu.	*Paris.*	14 Dim.	
15 Ven.		15 Lun.	*Paris.*
16 Sam.		16 Mar.	
17 Dim.		17 Mer.	*Paris.*
18 Lun.	*Paris.*	18 Jeu.	
19 Mar.		19 Ven.	*Paris.*
20 Mer.	*Paris.*	20 Sam.	
21 Jeu.		21 Dim.	
22 Ven.		22 Lun.	*Paris.*
23 Sam.	*Paris.*	23 Mar.	*Paris.*
24 Dim.		24 Mer.	
25 Lun.		25 Jeu.	*Paris.*
26 Mar.		26 Ven.	*Paris.*
27 Mer.		27 Sam.	
28 Jeu.		28 Dim.	
29 Ven.		29 Lun.	
30 Sam.	*Paris.*	30 Mar.	
31 Dim.	*Paris.*	31 Mer.	

FÉVRIER			
1 Jeu.		15 Jeu.	
2 Ven.		16 Ven.	*Paris.*
3 Sam.	*Paris.*	17 Sam.	
4 Dim.	*Paris.*	18 Dim.	
5 Lun.		19 Lun.	*Paris.*
6 Mar.	*Paris.*	20 Mar.	*Paris.*
7 Mer.	*Paris.*	21 Mer.	*Paris.*
8 Jeu.		22 Jeu.	*Paris.*
9 Ven.		23 Ven.	*Paris.*
10 Sam.		24 Sam.	*Paris.*
11 Dim.		25 Dim.	*Paris.*
12 Lun.	*Paris.*	26 Lun.	*Paris.*
13 Mar.	*Paris.*	27 Mar.	
14 Mer.		28 Mer.	*Paris.*

1397 — PAQUES, 22 avril.

MARS		AVRIL	
1 Jeu.		1 Dim.	
2 Ven.	*Paris.*	2 Lun.	
3 Sam.		3 Mar.	*Paris.*
4 Dim.		4 Mer.	
5 Lun.		5 Jeu.	
6 Mar.		6 Ven.	*Paris.*
7 Mer.		7 Sam.	
8 Jeu.	*Paris.*	8 Dim.	*Paris.*
9 Ven.		9 Lun.	*Paris.*
10 Sam.	*Paris.*	10 Mar.	
11 Dim.		11 Mer.	
12 Lun.		12 Jeu.	
13 Mar.	*Paris.*	13 Ven.	*Paris.*
14 Mer.	*Paris.*	14 Sam.	
15 Jeu.		15 Dim.	
16 Ven.		16 Lun.	
17 Sam.		17 Mar.	
18 Dim.		18 Mer.	*Paris.*
19 Lun.		19 Jeu.	
20 Mar.	*Paris.*	20 Ven.	*Paris.*
21 Mer.		21 Sam.	*Paris.*
22 Jeu.	*Paris.*	22 Dim.	
23 Ven.		23 Lun.	
24 Sam.		24 Mar.	
25 Dim.		25 Mer.	
26 Lun.		26 Jeu.	
27 Mar.	*Paris.*	27 Ven.	
28 Mer.		28 Sam.	
29 Jeu.		29 Dim.	
30 Ven.		30 Lun.	*Paris.*
31 Sam.	*Paris.*		

MAI			
1 Mar.		17 Jeu.	*Paris.*
2 Mer.	*Paris.*	18 Ven.	
3 Jeu.		19 Sam.	*Paris.*
4 Ven.		20 Dim.	
5 Sam.		21 Lun.	*Paris.*
6 Dim.		22 Mar.	
7 Lun.	*Paris.*	23 Mer.	
8 Mar.		24 Jeu.	
9 Mer.		25 Ven.	*Paris.*
10 Jeu.	*Paris*	26 Sam.	
11 Ven.		27 Dim.	
12 Sam.		28 Lun.	*Paris.*
13 Dim.		29 Mar.	
14 Lun.		30 Mer.	*Paris.*
15 Mar.		31 Jeu.	
16 Mer.			

1897 — PAQUES, 22 avril.

JUIN		JUILLET	
1 Ven.		1 Dim.	
2 Sam.		2 Lun.	*Paris.*
3 Dim.		3 Mar.	*Paris.*
4 Lun.		4 Mer.	
5 Mar.		5 Jeu.	
6 Mer.		6 Ven.	*Paris.*
7 Jeu.	*Paris.*	7 Sam.	*Paris.*
8 Ven.		8 Dim.	
9 Sam.		9 Lun.	
10 Dim.		10 Mar.	
11 Lun.		11 Mer.	*Paris.*
12 Mar.		12 Jeu.	
13 Mer.		13 Ven.	
14 Jeu.		14 Sam.	*Paris.*
15 Ven.		15 Dim.	*Paris.*
16 Sam.		16 Lun.	*Paris.*
17 Dim.		17 Mar.	*Paris.*
18 Lun.		18 Mer.	
19 Mar.	*Paris.*	19 Jeu.	*Paris.*
20 Mer.		20 Ven.	*Paris.*
21 Jeu.		21 Sam.	
22 Ven.		22 Dim.	
23 Sam.		23 Lun.	
24 Dim.		24 Mar.	
25 Lun.		25 Mer.	
26 Mar.		26 Jeu.	*Paris.*
27 Mer.		27 Ven.	*Paris.*
28 Jeu.		28 Sam.	
29 Ven.		29 Dim.	*Paris.*
30 Sam.		30 Lun.	
		31 Mar.	*Paris.*

AOUT			
1 Mer.	*Paris*, Saint-Pol.	17 Ven.	*Paris.*
2 Jeu.	*Paris.*	18 Sam.	*Paris.*
3 Ven.		19 Dim.	*Paris.*
4 Sam.	*Paris.*	20 Lun.	
5 Dim.	*Paris.*	21 Mar.	*Paris.*
6 Lun.		22 Mer.	
7 Mar.		23 Jeu.	
8 Mer.	*Paris.*	24 Ven.	*Paris.*
9 Jeu.	*Paris.*	25 Sam.	
10 Ven.	*Paris.*	26 Dim.	*Paris.*
11 Sam.	*Paris.*	27 Lun.	*Paris.*
12 Dim.	*Paris.*	28 Mar.	*Paris.*
13 Lun.	*Paris.*	29 Mer.	*Paris.*
14 Mar.	*Paris.*	30 Jeu.	*Paris.*
15 Mer.		31 Ven.	*Paris.*
16 Jeu.	*Paris.*		

1397 — PAQUES, 22 avril.

SEPTEMBRE		OCTOBRE	
1 Sam.	*Paris.*	1 Lun.	
2 Dim.		2 Mar.	*Paris.*
3 Lun.	*Paris.*	3 Mer.	
4 Mar.	*Paris.*	4 Jeu.	*Paris.*
5 Mer.	*Paris.*	5 Ven.	
6 Jeu.	*Paris.*	6 Sam.	*Paris.*
7 Ven.		7 Dim.	
8 Sam.	*Poissy.*	8 Lun.	
9 Dim.	*Paris.*	9 Mar.	
10 Lun.		10 Mer.	
11 Mar.	*Paris.*	11 Jeu.	
12 Mer.	*Paris.*	12 Ven.	
13 Jeu.	*Paris.*	13 Sam.	*Paris.*
14 Ven.		14 Dim.	
15 Sam.	*Paris Villeneuve-St-Georges*	15 Lun.	
16 Dim.		16 Mar.	
17 Lun.		17 Mer.	
18 Mar.		18 Jeu.	
19 Mer.	*Paris.*	19 Ven.	*Paris.*
20 Jeu.	*Paris.*	20 Sam.	
21 Ven.	*Paris.*	21 Dim.	
22 Sam.	*Paris.*	22 Lun.	
23 Dim.		23 Mar.	
24 Lun.		24 Mer.	*Paris.*
25 Mar.		25 Jeu.	*Paris.*
26 Mer.		26 Ven.	
27 Jeu.	*Paris.*	27 Sam.	
28 Ven.		28 Dim.	
29 Sam.		29 Lun.	
30 Dim.		30 Mar.	
		31 Mer.	*Paris.*

NOVEMBRE

1 Jeu.		16 Ven.	*Paris.*
2 Ven.		17 Sam.	
3 Sam.	*Paris.*	18 Dim.	
4 Dim.		19 Lun.	
5 Lun.		20 Mar.	*Paris.*
6 Mar.	*Paris.*	21 Mer.	*Paris.*
7 Mer.		22 Jeu.	*Paris.*
8 Jeu.		23 Ven.	
9 Ven.		24 Sam.	*Paris.*
10 Sam.		25 Dim.	*Paris.*
11 Dim.	*Paris.*	26 Lun.	*Paris.*
12 Lun.		27 Mar.	
13 Mar.	*Paris.*	28 Mer.	
14 Mer.		29 Jeu.	*Paris.*
15 Jeu.		30 Ven.	

1398 — PAQUES. 7 avril.

DÉCEMBRE		JANVIER	
1 Sam.		1 Mar.	
2 Dim.	*Paris.*	2 Mer.	
3 Lun.	*Paris.*	3 Jeu.	
4 Mar.		4 Ven.	
5 Mer.		5 Sam.	*Paris.*
6 Jeu.		6 Dim.	
7 Ven.		7 Lun.	
8 Sam.		8 Mar.	
9 Dim.		9 Mer.	*Paris.*
10 Lun.	*Paris.*	10 Jeu.	*Paris.*
11 Mar.	*Paris.*	11 Ven.	*Paris.*
12 Mer.		12 Sam.	*Paris.*
13 Jeu.		13 Dim.	
14 Ven.		14 Lun.	
15 Sam.	*Paris.*	15 Mar.	*Paris.*
16 Dim.		16 Mer.	*Paris.*
17 Lun.		17 Jeu.	
18 Mar.	*Paris.*	18 Ven.	*Paris.*
19 Mer.		19 Sam.	*Paris.*
20 Jeu.	*Paris.*	20 Dim.	
21 Ven.	*Paris.*	21 Lun	
22 Sam.	*Paris.*	22 Mar.	
23 Dim.	*Paris.*	23 Mer.	*Paris.*
24 Lun.	*Paris.*	24 Jeu.	
25 Mar.		25 Ven.	
26 Mer.		26 Sam.	*Paris.*
27 Jeu.		27 Dim.	
28 Ven.		28 Lun.	
29 Sam.		29 Mar.	*Paris.*
30 Dim.		30 Mer.	*Paris.*
31 Lun.		31 Jeu.	*Paris.*

FÉVRIER

1 Ven.		15 Ven.	
2 Sam.	*Paris.*	16 Sam.	
3 Dim.		17 Dim.	*Paris.*
4 Lun.	*Paris.*	18 Lun.	
5 Mar.		19 Mar.	
6 Mer.	*Paris.*	20 Mer.	
7 Jeu.		21 Jeu.	
8 Ven.	*Paris.*	22 Ven.	*Paris.*
9 Sam.	*Paris.*	23 Sam.	
10 Dim.		24 Dim.	
11 Lun.		25 Lun.	*Paris.*
12 Mar.		26 Mar.	*Paris.*
13 Mer.		27 Mer.	*Paris.*
14 Jeu.		28 Jeu.	

1398. — PAQUES 7 avril.

MARS		AVRIL	
1 Ven.		1 Lun.	*Paris.*
2 Sam		2 Mar.	*Paris.*
3 Dim.		3 Mer.	
4 Lun.		4 Jeu.	*Paris.*
5 Mar.	*Paris.*	5 Ven.	
6 Mer.		6 Sam.	*Paris.*
7 Jeu.		7 Dim.	
8 Ven.		8 Lun.	
9 Sam.		9 Mar.	
10 Dim.	*Paris.*	10 Mer.	
11 Lun.	*Paris.*	11 Jeu.	
12 Mar.		12 Ven.	
13 Mer.		13 Sam.	
14 Jeu.	*Paris.*	14 Dim.	
15 Ven.		15 Lun.	
16 Sam.		16 Mar.	
17 Dim.	*Paris.*	17 Mer.	
18 Lun.		18 Jeu.	*Coincy-l'Abbaye.*
19 Mar.	*Paris.*	19 Ven.	
20 Mer.		20 Sam.	
21 Jeu.		21 Dim.	
22 Ven.	*Paris.*	22 Lun.	
23 Sam.		23 Mar.	
24 Dim.		24 Mer.	
25 Lun.		25 Jeu.	
26 Mar.		26 Ven.	
27 Mer.		27 Sam.	
28 Jeu.		28 Dim.	
29 Ven.	*Paris.*	29 Lun.	
30 Sam.		30 Mar.	*Coincy-l'Abbaye.*
31 Dim.	*Paris.*		

MAI			
1 Mer.	*Coincy-l'Abbaye.*	17 Ven	*Paris.*
2 Jeu.		18 Sam.	
3 Ven.	*Lagny.*	19 Dim.	
4 Sam.		20 Lun.	*Plaisance-sur-Marne.*
5 Dim.		21 Mar.	*Paris.*
6 Lun.		22 Mer.	*Paris.*
7 Mar.		23 Jeu.	
8 Mer.		24 Ven.	*Paris.*
9 Jeu.		25 Sam.	*Paris.*
10 Ven.		26 Dim.	*Paris.*
11 Sam.	*Paris.*	27 Lun.	
12 Dim.		28 Mar.	*Paris.*
13 Lun.	*Paris, Conflans.*	29 Mer.	
14 Mar.		30 Jeu.	*Paris.*
15 Mer.		31 Ven.	
16 Jeu.			

1398 — PAQUES, 7 avril.

JUIN		JUILLET	
1 Sam.		1 Lun.	*Paris.*
2 Dim.		2 Mar.	
3 Lun.		3 Mer.	
4 Mar.		4 Jeu.	
5 Mer.		5 Ven.	
6 Jeu.		6 Sam.	
7 Ven.	*Paris.*	7 Dim.	
8 Sam.		8 Lun.	
9 Dim.		9 Mar.	
10 Lun.		10 Mer.	
11 Mar.	*Paris.*	11 Jeu.	*Paris.*
12 Mer.		12 Ven.	*Paris.*
13 Jeu.		13 Sam.	
14 Ven.	*Paris.*	14 Dim.	
15 Sam.	*Paris.*	15 Lun.	
16 Dim.		16 Mar.	*Fontainebleau, Paris.*
17 Lun.	*Paris.*	17 Mer.	*Fontainebleau.*
18 Mar.	*Paris.*	18 Jeu.	*Fontainebleau.*
19 Mer.		19 Ven.	*Fontainebleau, Paris.*
20 Jeu.		20 Sam.	*Fontainebleau, Paris.*
21 Ven.		21 Dim.	*Fontainebleau.*
22 Sam.	*Paris.*	22 Lun.	*Fontainebleau.*
23 Dim.		23 Mar.	*Fontainebleau.*
24 Lun.		24 Mer.	*Fontainebleau, Paris.*
25 Mar.	*Paris.*	25 Jeu.	*Fontainebleau.*
26 Mer.	*Paris.*	26 Ven.	*Fontainebleau, Paris.*
27 Jeu.		27 Sam.	*Fontainebleau, Paris.*
28 Ven.	*Paris.*	28 Dim.	*Fontainebleau.*
29 Sam.		29 Lun.	*Fontainebleau.*
30 Dim		30 Mar.	*Fontainebleau.*
		31 Mer.	*Fontainebleau.*

AOUT			
1 Jeu.	*Fontainebleau.*	17 Sam.	*Fontainebleau, Paris.*
2 Ven.	*Fontainebleau, Paris.*	18 Dim.	*Fontainebleau.*
3 Sam.	*Fontainebleau.*	19 Lun.	*Fontainebleau.*
4 Dim.	*Fontainebleau.*	20 Mar.	*Fontainebleau.*
5 Lun.	*Fontainebleau.*	21 Mer.	*Fontainebleau.*
6 Mar.	*Fontainebleau.*	22 Jeu.	*Fontainebleau, Paris.*
7 Mer.	*Fontainebleau, Paris.*	23 Ven.	*Fontainebleau.*
8 Jeu.	*Fontainebleau, Paris.*	24 Sam.	*Fontainebleau.*
9 Ven.	*Fontainebleau, Paris.*	25 Dim.	*Fontainebleau.*
10 Sam.	*Fontainebleau.*	26 Lun.	*Fontainebleau.*
11 Dim.	*Fontainebleau.*	27 Mar.	*Fontainebleau.*
12 Lun.	*Fontainebleau.*	28 Mer.	*Fontainebleau.*
13 Mar.	*Fontainebleau, Paris.*	29 Jeu.	*Fontainebleau.*
14 Mer.	*Fontainebleau, Paris.*	30 Ven.	*Fontainebleau.*
15 Jeu.	*Fontainebleau.*	31 Sam.	*Fontainebleau.*
16 Ven.	*Fontainebleau, Paris.*		

1398 — PAQUES, 7 avril.

SEPTEMBRE		OCTOBRE	
1 Dim.	*Fontainebleau.*	1 Mar.	
2 Lun.	*Fontainebleau, Paris.*	2 Mer.	
3 Mar.	*Fontainebleau.*	3 Jeu.	
4 Mer.	*Fontainebleau.*	4 Ven.	
5 Jeu.	*Fontainebleau.*	5 Sam.	
6 Ven.	*Fontainebleau.*	6 Dim.	*Paris.*
7 Sam.	*Fontainebleau.*	7 Lun.	
8 Dim.	*Fontainebleau.*	8 Mar.	*Paris*, Hôtel Saint-Pol.
9 Lun.	*Fontainebleau.*	9 Mer.	*Paris*, Hôtel Saint-Pol.
10 Mar.	*Fontainebleau, Paris.*	10 Jeu.	*Paris*, Hôtel Saint-Pol.
11 Mer.	*Fontainebleau.*	11 Ven.	*Paris*, Hôtel Saint-Pol.
12 Jeu.	*Fontainebleau, Paris.*	12 Sam.	
13 Ven.	*Fontainebleau.*	13 Dim.	
14 Sam.	*Fontainebleau.*	14 Lun.	*Paris.*
15 Dim.	*Fontainebleau.*	15 Mar.	
16 Lun.	*Fontainebleau.*	16 Mer.	*Paris*, Hôtel Saint-Pol.
17 Mar.	*Fontainebleau, Paris.*	17 Jeu.	
18 Mer.		18 Ven.	*Paris.*
19 Jeu.		19 Sam.	
20 Ven.		20 Dim.	
21 Sam.		21 Lun.	
22 Dim.		22 Mar.	*Paris.*
23 Lun.		23 Mer.	*Paris.*
24 Mar.		24 Jeu.	
25 Mer.	*Paris.*	25 Ven.	
26 Jeu.		26 Sam.	
27 Ven.	*Paris.*	27 Dim.	*Paris*, Hôtel Saint-Pol.
28 Sam.	*Paris.*	28 Lun.	
29 Dim.		29 Mar.	*Paris.*
30 Lun.		30 Mer.	*Paris.*
		31 Jeu.	*Paris.*

NOVEMBRE			
1 Ven.		16 Sam.	
2 Sam.		17 Dim.	
3 Dim.		18 Lun.	*Paris*
4 Lun.	*Paris.*	19 Mar.	
5 Mar.	*Paris.*	20 Mer.	
6 Mer.		21 Jeu.	
7 Jeu.		22 Ven.	
8 Ven.	*Paris.*	23 Sam.	
9 Sam.		24 Dim.	
10 Dim.		25 Lun.	
11 Lun.		26 Mar.	*Paris.*
12 Mar.		27 Mer.	
13 Mer.	*Paris.*	28 Jeu.	
14 Jeu.		29 Ven.	
15 Ven.	*Paris.*	30 Sam.	

1399 — PAQUES, 30 mars.

DÉCEMBRE		JANVIER	
1 Dim.		1 Mer.	
2 Lun.	*Paris.*	2 Jeu.	*Paris.*
3 Mar.		3 Ven.	*Paris.*
4 Mer.		4 Sam.	
5 Jeu.		5 Dim.	
6 Ven.		6 Lun.	
7 Sam.	*Paris.*	7 Mar.	
8 Dim.		8 Mer	*Paris.*
9 Lun.		9 Jeu.	*Paris.*
10 Mar.	*Paris.*	10 Ven.	
11 Mer.		11 Sam.	*Paris.*
12 Jeu.		12 Dim.	
13 Ven.	*Paris.*	13 Lun.	*Paris.*
14 Sam.		14 Mar.	
15 Dim.		15 Mer.	
16 Lun.	*Paris.*	16 Jeu.	*Paris.*
17 Mar.		17 Ven.	
18 Mer.		18 Sam.	
19 Jeu.	*Paris.*	19 Dim.	
20 Ven.		20 Lun.	
21 Sam.		21 Mar.	
22 Dim.		22 Mer.	
23 Lun.		23 Jeu.	
24 Mar.	*Paris.*	24 Ven.	
25 Mer.		25 Sam.	
26 Jeu.		26 Dim.	
27 Ven.		27 Lun.	*Paris.*
28 Sam.	*Paris.*	28 Mar.	
29 Dim.		29 Mer.	*Paris.*
30 Lun.		30 Jeu.	
31 Mar.		31 Ven.	

FÉVRIER			
1 Sam.		15 Sam.	*Paris.*
2 Dim.		16 Dim.	*Paris*, Hôtel Saint-Pol.
3 Lun.		17 Lun.	*Paris.*
4 Mar.		18 Mar.	*Paris.*
5 Mer.		19 Mer.	*Paris.*
6 Jeu.		20 Jeu.	
7 Ven.		21 Ven.	
8 Sam.		22 Sam.	
9 Dim.	*Paris.*	23 Dim.	*Paris*, Hôtel Saint-Pol.
10 Lun.		24 Lun.	
11 Mar.	*Paris.*	25 Mar.	*Paris.*
12 Mer.		26 Mer.	*Paris*, Hôtel Saint-Pol.
13 Jeu.	*Paris*, Hôtel Saint-Pol.	27 Jeu.	*Paris*, Hôtel Saint-Pol.
14 Ven.	*Paris.*	28 Ven.	*Paris.*

1399 — PAQUES, 30 mars.

MARS		AVRIL	
1 Sam.	*Paris.*	1 Mar.	
2 Dim		2 Mer.	
3 Lun.		3 Jeu.	*Paris.*
4 Mar.		4 Ven.	*Paris.*
5 Mer.	*Paris.*	5 Sam.	*Paris.*
6 Jeu.		6 Dim.	*Conflans.*
7 Ven.	*Paris.*	7 Lun.	
8 Sam.		8 Mar.	*Paris.*
9 Dim.		9 Mer.	
10 Lun.		10 Jeu.	
11 Mar.	*Paris.*	11 Ven.	
12 Mer.		12 Sam.	
13 Jeu.	*Paris.*	13 Dim.	
14 Ven.	*Paris.*	14 Lun.	*Paris.*
15 Sam.	*Paris.*	15 Mar.	*Paris.*
16 Dim.		16 Mer.	*Paris.*
17 Lun.		17 Jeu.	*Paris.*
18 Mar.		18 Ven.	
19 Mer.		19 Sam.	*Paris.*
20 Jeu.		20 Dim.	
21 Ven.		21 Lun.	
22 Sam.		22 Mar.	
23 Dim.	*Paris.*	23 Mer.	
24 Lun.	*Paris.*	24 Jeu.	*Paris.*
25 Mar.		25 Ven.	
26 Mer.	*Paris.*	26 Sam.	
27 Jeu.		27 Dim.	
28 Ven.	*Paris.*	28 Lun.	
29 Sam.	*Paris.*	29 Mar.	*Paris.*
30 Dim.		30 Mer.	
31 Lun.	*Paris.*		

MAI			
1 Jeu.		17 Sam.	*Paris.*
2 Ven.		18 Dim.	
3 Sam.		19 Lun.	
4 Dim.		20 Mar.	
5 Lun.	*Paris.*	21 Mer.	
6 Mar.	*Paris.*	22 Jeu.	
7 Mer.	*Paris.*	23 Ven.	
8 Jeu.		24 Sam.	
9 Ven.		25 Dim.	
10 Sam.		26 Lun.	
11 Dim.		27 Mar.	
12 Lun.		28 Mer.	*Paris.*
13 Mar.		29 Jeu.	
14 Mer.		30 Ven.	
15 Jeu.		31 Sam.	
16 Ven.			

1399 — PAQUES, 30 mars.

JUIN		JUILLET	
1 Dim.	*Paris.*	1 Mar.	
2 Lun.		2 Mer.	
3 Mar.		3 Jeu.	*Paris.*
4 Mer.	*Paris.*	4 Ven.	*Paris.*
5 Jeu.	*Paris.*	5 Sam.	*Paris.*
6 Ven.		6 Dim.	
7 Sam.	*Paris.*	7 Lun.	
8 Dim.		8 Mar.	
9 Lun.		9 Mer.	
10 Mar.		10 Jeu.	
11 Mer	*Paris.*	11 Ven.	
12 Jeu.		12 Sam.	
13 Ven.	*Paris.*	13 Dim.	
14 Sam.	*Paris.*	14 Lun.	
15 Dim.		15 Mar.	
16 Lun.		16 Mer.	
17 Mar.	*Paris.*	17 Jeu.	
18 Mer.	*Paris.*	18 Ven.	
19 Jeu.		19 Sam.	
20 Ven.	*Paris.*	20 Dim.	
21 Sam.		21 Lun.	
22 Dim.		22 Mar.	
23 Lun.		23 Mer.	
24 Mar.		24 Jeu.	
25 Mer.	*Paris.*	25 Ven.	
26 Jeu.	*Saint-Victor-lès-Paris.*	26 Sam.	*Paris.*
27 Ven.		27 Dim.	
28 Sam.		28 Lun.	
29 Dim.	*Paris.*	29 Mar.	*Paris.*
30 Lun.		30 Mer.	*Paris.*
		31 Jeu.	*Paris.*

AOUT			
1 Ven.		17 Dim.	
2 Sam.		18 Lun.	
3 Dim.		19 Mar	
4 Lun.		20 Mer.	
5 Mar.	*Paris.*	21 Jeu.	
6 Mer.		22 Ven.	*Maubuisson.*
7 Jeu.	*Paris.*	23 Sam.	
8 Ven.		24 Dim.	
9 Sam.	*Paris.*	25 Lun.	
10 Dim.		26 Mar.	
11 Lun.		27 Mer.	
12 Mar.		28 Jeu.	
13 Mer.		29 Ven.	
14 Jeu.		30 Sam.	*Pontoise.*
15 Ven.	*Maubuisson.*	31 Dim.	*Pontoise.*
16 Sam.			

1399. — PAQUES, 30 mars.

SEPTEMBRE		OCTOBRE	
1 Lun.		1 Mer.	*Pontoise.*
2 Mar.		2 Jeu.	*Mantes.*
3 Mer.		3 Ven.	*Vernon.*
4 Jeu.	*Pontoise.*	4 Sam.	*Meullent.*
5 Ven.		5 Dim.	
6 Sam		6 Lun.	
7 Dim.		7 Mar.	
8 Lun.		8 Mer.	
9 Mar.		9 Jeu.	*Monfort-sur-Risle.*
10 Mer.		10 Ven.	
11 Jeu.		11 Sam.	
12 Ven.		12 Dim.	
13 Sam.		13 Lun.	*Rouen.*
14 Dim.		14 Mar.	*Rouen.*
15 Lun.		15 Mer.	*Caudebec.*
16 Mar.		16 Jeu.	
17 Mer.		17 Ven.	
18 Jeu.		18 Sam.	
19 Ven.		19 Dim.	
20 Sam.		20 Lun.	
21 Dim.		21 Mar.	
22 Lun.		22 Mer.	*Rouen.*
23 Mar.		23 Jeu.	*Rouen.*
24 Mer.		24 Ven.	*Rouen.*
25 Jeu.		25 Sam.	
26 Ven.	*Maubuisson.*	26 Dim.	
27 Sam.		27 Lun.	
28 Dim.		28 Mar.	
29 Lun.		29 Mer.	*Rouen.*
30 Mar.		30 Jeu.	
		31 Ven.	

NOVEMBRE

1 Sam.		16 Dim.	*Rouen.*
2 Dim.		17 Lun.	*Rouen.*
3 Lun.		18 Mar.	*Rouen.*
4 Mar.		19 Mer.	*Rouen.*
5 Mer.		20 Jeu.	*Rouen.*
6 Jeu.		21 Ven.	*Rouen.*
7 Ven.		22 Sam.	*Rouen.*
8 Sam.		23 Dim.	*Rouen.*
9 Dim.		24 Lun.	*Rouen.*
10 Lun.		25 Mar.	*Rouen.*
11 Mar.		26 Mer.	*Rouen.*
12 Mer.	*Rouen.*	27 Jeu.	*Rouen.*
13 Jeu.	*Rouen.*	28 Ven.	*Rouen.*
14 Ven.	*Rouen.*	29 Sam.	*Rouen.*
15 Sam.	*Rouen.*	30 Dim.	*Rouen.*

1400 — PAQUES, 8 avril.

DÉCEMBRE		JANVIER	
1 Lun.	*Rouen.*	1 Jeu.	
2 Mar.	*Rouen.*	2 Ven.	
3 Mer.	*Rouen.*	3 Sam.	
4 Jeu.		4 Dim.	
5 Ven.		5 Lun.	
6 Sam.		6 Mar.	
7 Dim.		7 Mer.	*Paris.*
8 Lun.	*Pont de l'Arche.*	8 Jeu.	
9 Mar.		9 Ven.	
10 Mer.		10 Sam.	
11 Jeu.		11 Dim.	
12 Ven.		12 Lun.	*Paris.*
13 Sam.		13 Mar.	
14 Dim.		14 Mer.	*Paris.*
15 Lun.		15 Jeu.	
16 Mar.		16 Ven.	
17 Mer.		17 Sam.	*Paris.*
18 Jeu.		18 Dim.	
19 Ven.		19 Lun.	*Paris.*
20 Sam.	*Neaufle.*	20 Mar.	*Saint-Germain.*
21 Dim.		21 Mer.	
22 Lun.		22 Jeu.	*Paris.*
23 Mar.	*Paris.*	23 Ven.	*Paris.*
24 Mer.	*Sèvres-lès-Paris.*	24 Sam.	*Paris.*
25 Jeu.	*Sèvres-lès-Saint Cloud.*	25 Dim.	
26 Ven.		26 Lun.	*Paris.*
27 Sam.		27 Mar.	*Paris.*
28 Dim.		28 Mer.	
29 Lun.		29 Jeu.	*Paris.*
30 Mar.		30 Ven.	*Paris.*
31 Mer.		31 Sam.	*Paris.*

FÉVRIER			
1 Dim.		16 Lun.	*Paris.*
2 Lun.	*Paris.*	17 Mar.	*Paris.*
3 Mar.	*Paris.*	18 Mer.	
4 Mer.		19 Jeu.	
5 Jeu.		20 Ven.	
6 Ven.		21 Sam.	
7 Sam.	*Paris.*	22 Dim.	
8 Dim	*Conflans.*	23 Lun.	
9 Lun.	*Paris.*	24 Mar.	
10 Mar.		25 Mer.	
11 Mer.		26 Jeu.	*Paris.*
12 Jeu.	*Paris.*	27 Ven.	*Paris.*
13 Ven.	*Paris.*	28 Sam.	
14 Sam.		29 Dim.	
15 Dim.			

1400 — PAQUES, 18 avril.

MARS		AVRIL	
1 Lun.	Paris.	1 Jeu.	
2 Mar.		2 Ven.	
3 Mer.		3 Sam.	
4 Jeu.		4 Dim.	
5 Ven.		5 Lun.	
6 Sam.		6 Mar.	*Conflans.*
7 Dim.		7 Mer.	
8 Lun.	*Paris.*	8 Jeu.	
9 Mar.	*Paris.*	9 Ven.	
10 Mer.		10 Sam.	
11 Jeu.	*Paris.*	11 Dim.	
12 Ven.		12 Lun.	
13 Sam.		13 Mar.	
14 Dim.		14 Mer.	
15 Lun.		15 Jeu.	
16 Mar.	*Paris.*	16 Ven.	*Paris.*
17 Mer.		17 Sam.	*Paris.*
18 Jeu.		18 Dim.	
19 Ven.		19 Lun.	
20 Sam.		20 Mar.	
21 Dim.		21 Mer.	
22 Lun.	*Paris.*	22 Jeu.	*Paris.*
23 Mar.		23 Ven.	
24 Mer.	*Paris.*	24 Sam.	*Paris.*
25 Jeu.		25 Dim.	
26 Ven.	*Paris.*	26 Lun.	
27 Sam.		27 Mar.	*Paris.*
28 Dim.		28 Mer.	
29 Lun.		29 Jeu.	
30 Mar.		30 Ven.	*Paris.*
31 Mer.	*Paris.*		

MAI			
1 Sam.	*Bois de Vincennes.*	17 Lun.	
2 Dim.		18 Mar.	
3 Lun.	*Paris.*	19 Mer.	
4 Mar.	*Paris.*	20 Jeu.	
5 Mer.		21 Ven.	
6 Jeu.		22 Sam.	
7 Ven.		23 Dim	*Paris.*
8 Sam.		24 Lun.	
9 Dim.		25 Mar.	
10 Lun.		26 Mer.	*Paris.*
11 Mar.	*Paris.*	27 Jeu.	
12 Mer.		28 Ven.	*Paris.*
13 Jeu.		29 Sam.	*Paris.*
14 Ven.		30 Dim.	*Paris.*
15 Sam.		31 Lun.	*Paris.*
16 Dim.			

1400 — PAQUES, 18 avril.

JUIN		JUILLET	
1 Mar.		1 Jeu.	*Paris.*
2 Mer.		2 Ven.	
3 Jeu.	*Paris.*	3 Sam.	*Paris.*
4 Ven.		4 Dim.	
5 Sam.		5 Lun.	
6 Dim.	*Paris.*	6 Mar.	
7 Lun.		7 Mer.	*Paris.*
8 Mar.	*Paris.*	8 Jeu.	
9 Mer.		9 Ven.	*Paris.*
10 Jeu.		10 Sam.	
11 Ven.	*Paris.*	11 Dim.	
12 Sam.	*Paris.*	12 Lun.	
13 Dim.		13 Mar.	*Bondy.*
14 Lun.		14 Mer.	*Paris.*
15 Mar.		15 Jeu.	
16 Mer.		16 Ven.	
17 Jeu.		17 Sam.	
18 Ven.	*Paris.*	18 Dim.	
19 Sam.	*Paris.*	19 Lun.	
20 Dim.	*Paris.*	20 Mar.	
21 Lun.	*Paris.*	21 Mer.	
22 Mar.		22 Jeu.	
23 Mer.	*Paris.*	23 Ven.	
24 Jeu.		24 Sam	
25 Ven.		25 Dim.	*Paris.*
26 Sam.	*Paris,*	26 Lun.	
27 Dim.		27 Mar.	
28 Lun.	*Paris.*	28 Mer.	
29 Mar.		29 Jeu.	
30 Mer.		30 Ven.	
		31 Sam.	*Paris.*

AOUT			
1 Dim.		17 Mar.	*Paris.*
2 Lun.		18 Mer.	
3 Mar.		19 Jeu.	
4 Mer.		20 Ven.	
5 Jeu.	*Paris.*	21 Sam.	
6 Ven.		22 Dim.	
7 Sam.		23 Lun.	
8 Dim.		24 Mar.	*Paris.*
9 Lun.		25 Mer.	*Paris.*
10 Mar.		26 Jeu.	
11 Mer.	*Paris.*	27 Ven.	
12 Jeu.	*Paris.*	28 Sam.	
13 Ven.		29 Dim.	
14 Sam.		30 Lun.	
15 Dim.		31 Mar.	
16 Lun.			

1400 — PAQUES, 18 avril.

SEPTEMBRE		OCTOBRE	
1 Mer.		1 Ven.	*Paris.*
2 Jeu.		2 Sam.	*Paris.*
3 Ven.		3 Dim.	
4 Sam.		4 Lun.	*Paris.*
5 Dim.		5 Mar.	
6 Lun.	*Paris.*	6 Mer.	*Paris.*
7 Mar.		7 Jeu.	
8 Mer.		8 Ven.	*Paris.*
9 Jeu.	*Paris.*	9 Sam.	
10 Ven.		10 Dim.	
11 Sam.		11 Lun.	
12 Dim.		12 Mar.	
13 Lun.	*Paris.*	13 Mer.	*Paris.*
14 Mar.	*Paris.*	14 Jeu.	
15 Mer.		15 Ven.	*Paris.*
16 Jeu.		16 Sam.	*Paris.*
17 Ven.	*Paris.*	17 Dim.	
18 Sam		18 Lun.	*Paris.*
19 Dim.		19 Mar	
20 Lun.		20 Mer.	*Paris.*
21 Mar.		21 Jeu.	
22 Mer.	*Paris.*	22 Ven.	
23 Jeu.		23 Sam.	*Paris.*
24 Ven.		24 Dim.	
25 Sam.		25 Lun.	
26 Dim.		26 Mar.	
27 Lun.		27 Mer.	
28 Mar.		28 Jeu.	
29 Mer.		29 Ven.	
30 Jeu.		30 Sam.	
		31 Dim.	

NOVEMBRE			
1 Lun.		16 Mar.	
2 Mar.		17 Mer.	
3 Mer.	*Paris.*	18 Jeu.	
4 Jeu.		19 Ven.	
5 Ven.		20 Sam.	
6 Sam.		21 Dim.	
7 Dim.		22 Lun.	
8 Lun.		23 Mar.	
9 Mar.		24 Mer.	
10 Mer.		25 Jeu.	
11 Jeu.		26 Ven.	
12 Ven.		27 Sam.	
13 Sam.		28 Dim.	*Paris.*
14 Dim.		29 Lun.	
15 Lun.	*Paris.*	30 Mar.	

1400. — PAQUES, 18 avril.

DÉCEMBRE

1 Mer.		17 Ven.	
2 Jeu.		18 Sam.	
3 Ven.		19 Dim.	
4 Sam.		20 Lun.	*Paris.*
5 Dim.		21 Mar.	*Paris.*
6 Lun.		22 Mer.	*Paris.*
7 Mar.	*Paris.*	23 Jeu.	
8 Mer.		24 Ven.	*Paris.*
9 Jeu.	*Paris.*	25 Sam.	*Paris,*
10 Ven.		26 Dim.	*Paris.*
11 Sam.		27 Lun.	
12 Dim.		28 Mar.	
13 Lun.		29 Mer.	*Paris.*
14 Mar.		30 Jeu.	
15 Mer.		31 Ven.	*Paris.*
16 Jeu.			

ADDITIONS AUX SÉJOURS DE CHARLES V

Nous devons à MM. Bernard Prost, de Circourt, Moranvillé, Eugène Thoison, Roserot, et autres travailleurs qui s'intéressent à l'histoire du XIVe siècle, plusieurs dates du séjour de Charles V, qui s'encadrent dans notre tableau, et comblent des lacunes. Nous les remercions d'avoir répondu à notre appel, et de vouloir bien nous aider à remplir le cadre préparé qui, comme nous le disions, restera un album toujours ouvert.

Quatre ou cinq de ces nouvelles indications offrent de l'intérêt. Citons un séjour à Vernon, le mercredi 10 septembre 1369, quand Charles V opéra son retour de Rouen à Paris ; un séjour à Melun, le samedi 26 octobre 1370, qui signale le déplacement dans cette dernière localité, cinq jours plus tôt ; un séjour à Montargis, le jeudi 8 septembre 1379, qui marque l'étape précédant son arrivée dans cette ville après le départ de Sens ; un séjour à Sens, le mardi 29 novembre 1379, qui nous renseigne sur les mouvements du roi entre son départ de Montargis et son arrivée à Montereau.

1364.	Avril	18. Jeu.	*Goulet.*
	—	22. Lun.	*Paris*, hôtel Saint-Pol.
	—	30. Mar.	*Paris.*
	Mai	2. Jeu.	*Paris.*
	—	17. Ven.	*Reims.*
	Juin	29. Sam.	*Compiègne.*
1365.	Janvier	7. Mar.	*Paris.*
	Avril	22. Mar.	*Paris.*
	Mai	26. Lun.	*Paris.*
	Septembre	15. Lun.	*Melun*, Combs-la-ville.
1366.	Avril	8. Mer.	*Paris.*
	—	12. Dim.	*Paris.*
	Septembre	23. Mer.	*Paris.*
	—	24. Jeu.	*Paris*
	Octobre	24. Sam.	*Rouen.*
1367.	Septembre	28. Mar.	*Paris.*
	Octobre	17. Dim.	*Paris.*
	—	18. Lun.	*Paris.*
	—	28. Jeu.	*Paris*, Vincennes.
1369.	Septembre	4. Mar.	*Sainte-Catherine-les-Rouen.*
	—	19. Mer.	*Vernon.*
	—	21. Ven.	*Vincennes.*
1370.	Mars	6. Mer.	*Paris.*
	Mai	18. Sam.	*Vincennes.*
	Juin	15. Sam.	*Paris.*

	Juillet	5. Ven.	*Paris.*
	Octobre	26. Sam.	*Melun.*
	Décembre	11. Mer.	*Vincennes.*
1371.	Janvier	13. Lun.	*Paris.*
	—	24. Ven.	*Paris*, hôtel Saint-Pol.
	Avril	18. Ven.	*Paris.*
	Mai	28. Mar.	*Paris.*
	Juin	9. Lun.	*Paris.*
	Juillet	14. Lun.	*Melun.*
1372.	Mars	5. Ven.	*Saint-Denis.*
	—	25. Jeu.	*Paris.*
	Décembre	29. Mer.	*Paris*, Louvre.
1373.	Janvier	19. Dim.	*Paris.*
	Mars	2. Mer.	*Paris.*
	Juin	7. Mar.	*Paris.*
	—	10. Ven.	*Vincennes.*
	Octobre	21. Ven.	*Vincennes.*
1374.	Février	16. Jeu.	*Paris.*
	Mars	8. Mer.	*Vincennes.*
	Juin	8. Jeu.	*Paris.*
	Septembre	24. Dim.	*Melun.*
	Octobre	23. Lun.	*Melun.*
1375.	Avril	5. Jeu.	*Paris.*
1376.	Avril	5. Sam.	*Paris.*
	Décembre	24. Mer.	*Paris.*
	—	25. Jeu.	*Paris.*
1377.	Septembre	27. Dim.	*Melun.*
1379.	Mars	12. Sam.	*Senlis.*
	Juillet	13. Mer.	*Beauté-sur-Marne.*
	Septembre	8. Jeu.	*Montargis.*
	Novembre	29. Mar.	*Sens.*
1380.	Avril	7. Sam.	*Beauté-sur-Marne.*
	—	13. Ven.	*Paris.*
	—	21. Sam.	*Vincennes.*
	Juin	12. Mar.	*Vincennes.*
	—	15. Ven.	*Saint-Fiacre-en-Brie.*
	Août	10. Ven.	*Poissy.*
	—	24. Ven.	*Beauté-sur-Marne.*
	Septembre	15. Sam.	*Beauté-sur-Marne.*

ANGERS, IMP. A. BURDIN ET Cie, RUE GARNIER, 4.

www.ingramcontent.com/pod-product-compliance
Lightning Source LLC
LaVergne TN
LVHW020422230826
846091LV00004B/1376

9782016129975